50代から考える

お金の減らし方

成美堂出版

お金を使うのが不安？

ー山田家
げっ！
今月の電気代がすごい高い！
食費も高くなってるし…
相変わらず税金も高いし…
震える…
家計簿
山田華　52歳　会社員
ただいま！
今晩の食材買ってきたよー あと華これ見て！
一眼レフカメラ！
今度の花火大会で使おうと思って
なに!?
山田誠 55歳 フリーライター
ちょっと！ それ一体いくら!?
ガタッ
んーー？
最新型だからちょっと高かったけど店員さんがおすすめしてた！
オススメ
そんな高いの買ってどうするのよ！
これがあれば思い出もきれいに残せて将来見返したときに素敵な宝物になるよ！
なんだと！
写真なんてスマホで撮れるでしょっ！
もーーっ
家計簿
わかってないねー 臨場感がぜんぜん違うのだよ

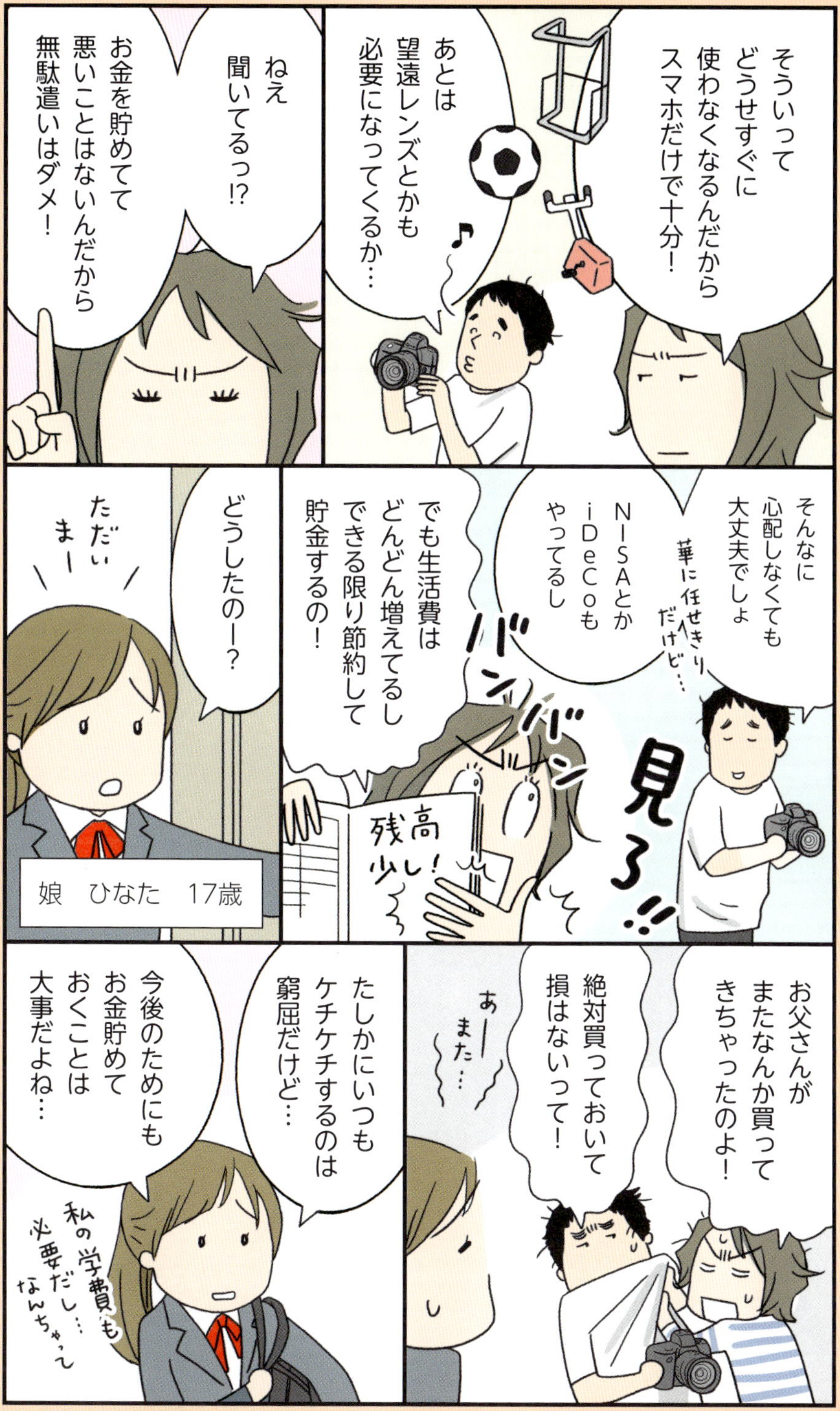
そういって どうせすぐに 使わなくなるんだから スマホだけで十分！
あとは 望遠レンズとかも 必要になってくるか…
ねえ 聞いてるっ!?
お金を貯めてて 悪いことはないんだから 無駄遣いはダメ！
そんなに 心配しなくても 大丈夫でしょ
NISAとか iDeCoも やってるし
華に任せきりだけど…
でも生活費は どんどん増えてるし できる限り節約して 貯金するの！
バンバン
見ろ!!
残高 少し！
ただいまー
どうしたのー？
娘 ひなた 17歳
お父さんが またなんか買って きちゃったのよ！
絶対買っておいて 損はないって！
あー また…
たしかにいつも ケチケチするのは 窮屈だけど…
今後のためにも お金貯めて おくことは 大事だよね…
私の学費も 必要だし… なんちゃって

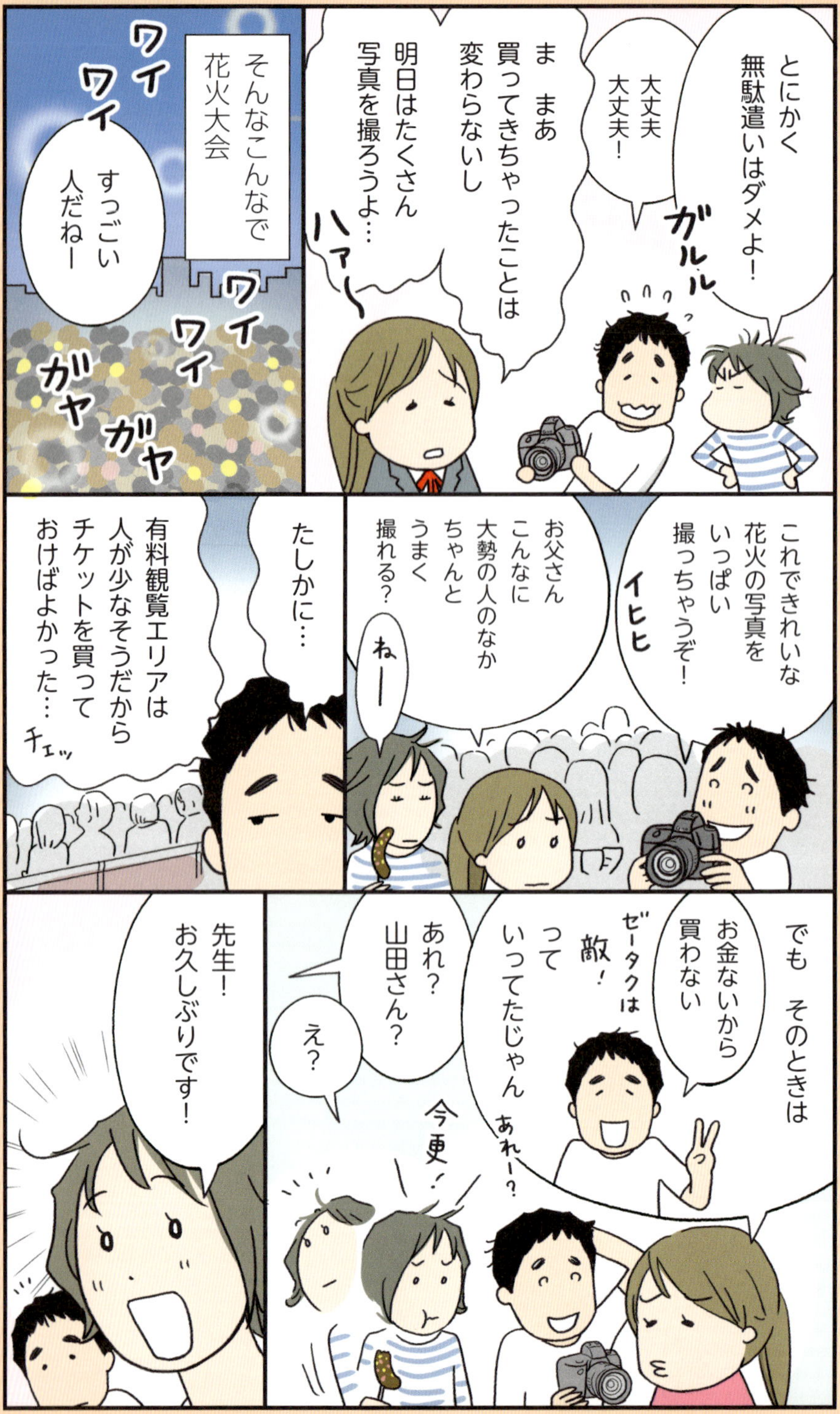
とにかく無駄遣いはダメよ！
ガルルル
大丈夫大丈夫！
ま まあ 買ってきちゃったことは変わらないし 明日はたくさん写真を撮ろうよ…
ハァ～
そんなこんなで花火大会
ワイワイ
すっごい人だねー
ワイワイ
ガヤガヤ
これできれいな花火の写真をいっぱい撮っちゃうぞ！
イヒヒ
お父さん こんなに大勢の人のなか ちゃんとうまく撮れる？
ねー
たしかに…
有料観覧エリアは人が少なそうだからチケットを買っておけばよかった…
チェッ
でも そのときは
お金ないから買わない
ゼータクは敵！
っていってたじゃん
あれー？
今更！
あれ？山田さん？
え？
先生！お久しぶりです！

たまたまおみかけしたので声をかけちゃいました!
こちらは…?
マネーコンサルタントの頼藤先生と
ごぶさたしてます
ファイナンシャルプランナーの高山先生!
息子です
前にNISAやiDeCoをはじめるときに相談に乗ってもらったの!
へー
先生も花火を見に来られたんですね!
そうなんですよ
そろそろはじまる時間だから観覧エリアに行くところだったんです
有料エリア…
先生たちはお金のプロですし普段から無駄遣いしないように心掛けているんじゃないんですか?
将来のためにお金を貯めることは大事ですけど
使うことももっと大切なんですよ!
たとえば今日みたいな…
ヒュ〜〜…
ドーン

はじまっちゃった！
それでは今度オフィスにいらしてください！
お金の正しい増やし方や使い方を教えますよ！
ドーン
はーーーい
って使うことも大事なの…？
ドーン
よしっ！すぐに相談しに行こう！
ドーン
さて先生のオフィス
よくいらしてくださいました
よろしくお願いします！
では最初に聞きますが華さんはなぜお金を貯めたいんですか？
将来困らないようにするためです！いつなにがあるかわからないですし
いらっしゃーい
そうですよね今お金を貯めることは悪いことではありません
やっぱり節約していくのがおすすめなんですね…
ほらー
そこがよくある勘違い！
貯めるだけじゃないお金との付き合い方があるんです
えぇっ

やっぱりお金は好きなように使うべきなんですよね！
でもお金を貯めるのも大事なんでしょ？
ズイズイ
ずばり**お金は使うべきところには使いつつ将来にも備える**というお金との付き合い方です！
使うべきところって？
最新の一眼レフカメラとかですよね!?
それは
健康・人間関係・経験（思い出）
の3つです
これら3つは人生の幸福度を高めるために重要なものと考えられています
仮に「いつか」のためにお金を頑張ってたくさん貯めていたとしましょう
今日はしょうゆごはん
爪に火を点すよ…
いつか使おうと思っていたお金ですがその「いつか」は一体いつくるのでしょうか？
えーっといつなのでしょう…
遊び
旅行
彼女
いつくるかわからない「いつか」を待って我慢しているうちにもっとお金を使えばいろんな楽しいことができたと思いませんか？
何のための人生だったのか…

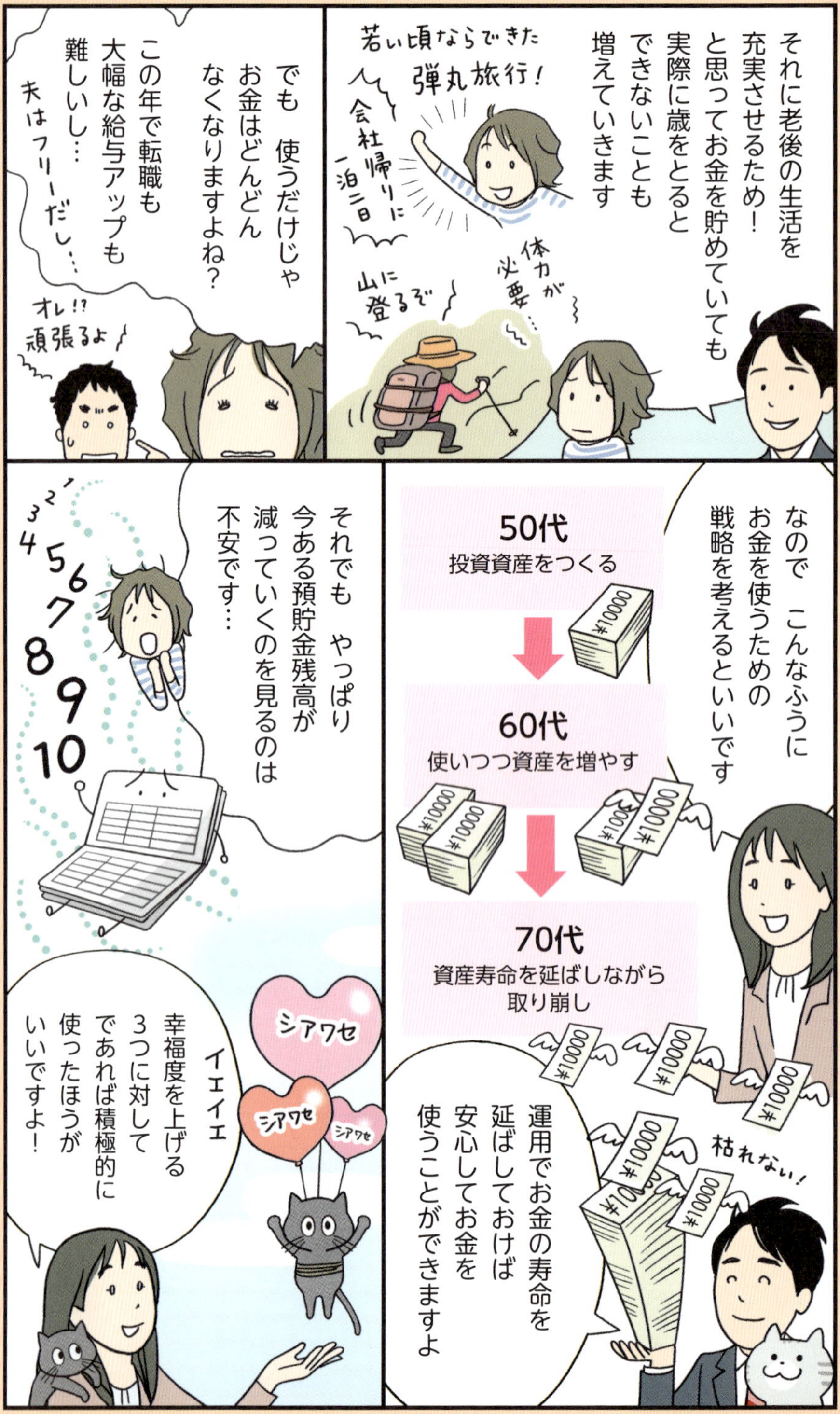
それに老後の生活を
充実させるため！
と思ってお金を貯めていても
実際に歳をとると
できないことも
増えていきます
若い頃ならできた
弾丸旅行！
会社帰りに
一泊二日
山に登るぞ
体力が必要…
でも　使うだけじゃ
お金はどんどん
なくなりますよね？
この年で転職も
大幅な給与アップも
難しいし…
夫はフリーだし…
オレ!? 頑張るよ
なので　こんなふうに
お金を使うための
戦略を考えるといいです
50代
投資資産をつくる
60代
使いつつ資産を増やす
70代
資産寿命を延ばしながら
取り崩し
運用でお金の寿命を
延ばしておけば
安心してお金を
使うことができますよ
枯れない！
それでも　やっぱり
今ある預貯金残高が
減っていくのを見るのは
不安です…
1 2 3 4 5 6 7 8 9 10
幸福度を上げる
3つに対して
であれば積極的に
使ったほうが
いいですよ！
イエイエ
シアワセ
シアワセ
シアワセ

家族で共有できる思い出をつくるなど
今しかできないこともたくさんありますからね
家族旅行などもそのひとつ
ですよね！
そうですよ一眼レフカメラがあれば家族の貴重な思い出もきれいに残せますし
有意義なお金の使い方だと思いますよ
家族の思い出かいいかも
ちょっとだけならお金を使ってもいいかも？と思えてきました！
じゃあ望遠レンズも！…
さすがに怒られちゃうか
お父さんそれいつ使うの？
お金を使うべきところには使い将来のために貯めておくべき分はしっかりと確保する
そうすることで安心して人生の幸福度を最大化できるお金の使い方ができますよ
投資
BANK
将来のためにお金を使うことも大事なんですね
意外だけど納得！
やっぱりお金は使ってナンボ！
ちょっと不安…

はじめに

本書は、**幸せに生きるための「お金の減らし方」**を説く本です。

お金を減らせるほど、十分なお金を持っていないので関係ない、と思う人もいるでしょうが、老後のためにお金を貯めている人は意外と多く、その老後資金をうまく使えていないという現状があります。

P20でも紹介している内閣府の資料によれば、20代以降は歳を重ねるほど資産額が増え、60〜64歳でピークを迎えます。65歳時点の平均値は1800万円、中央値は1000万円です。しかしその後は資産額があまり減らず、80歳時点で1〜2割程度しか減っていません。

お金を使わずに残すという行為は、将来の不確実性に備えるための合理的な行動であり、お金があることで心の安定を得られることは事実です。しかしだからといって、**老後のために貯めてきたお金をほとんど使わないのはもったいない**です。

そんなジレンマを抱えている世の中に、大きな影響を与えたのが「貯金ゼロで死ぬ」をテーマにした書籍『DIE WITH ZERO 人生が豊かになりすぎる究極のルール』（ビル・パーキンス著、ダイヤモンド社）です。『カズレーザーと学ぶ。』（日本テレビ）という番組で、同書をご紹介させていただく機会がありましたが、反響が物凄かったのを覚えています。同書では、**「1000万円の資産があれば、1000万円分の経験ができる。そのお金を残して死ぬということは、使って得られたはずの経験を得られない。人生の最後に自身の記憶に残るのは『モノ』よりも、さまざまな経験から得た『思い出』な**

のだから、経験や思い出に惜しみなくお金を使っていこう」と説いています。

番組内の出演者の意見や、放送後のX（旧 Twitter）の投稿に多かったのが「貯金ゼロで死ぬ」の理想に共感はできるが、実際行動に移すことは難しいという意見でした。お金の相談の場でも、お客様から同様の意見を多くいただきました。また、同書はアメリカの本なので、日本人に合わせた実践方法が知りたいという声もたくさんいただきました。たしかに、日本の年金制度、税金、社会保険、各種サービスなどを踏まえて考えないとなりません。

そこから**研究を重ねて、「ほぼDIE WITH ZERO」を目指す資産運用・取り崩し戦略を考案**し、『マンガと図解 50歳からの「新NISA×高配当株投資」』（KADOKAWA）や『60歳からの新・投資術』（青春出版社）などで紹介してきました。本書では、集大成として、できる限りわかりやすく図解でまとめています。

人生の幸福度を高め続けてくれるのは、経験や思い出だけではありません。**どういったお金の使い方が人を幸せにするのか、各種研究論文・書籍を読み込み、そうした情報を一挙にまとめてわかりやすく紹介**しています。他人と比較せず「足るを知る」ことが、結果として幸福度のアップにつながります。

本書が、みなさまの幸せに生きるための「お金の減らし方」の実践に役立つことを心より願っています。

2025年3月　頼藤太希

Contents

50代から考える お金の減らし方

第2章 お金がたくさんあれば幸せになれる？

第3章　資産ゼロを目指す投資戦略とお金の減らし方

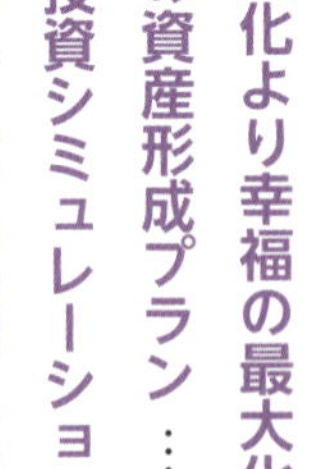

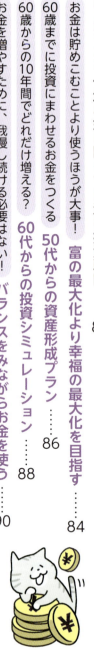

第6章　幸せになるための老後のお金

本書は、原則として2025年1月時点の情報をもとに編集しています。

Prologue 1

「お金＝貯めるもの」と考えるその前に

お金を貯めるのはなんのため？

将来困らないためにお金を貯める

お金を使おうといわれても、やっぱり現預金を減らすのは不安…という方もいると思います。実際、子どもの頃、「お金は大事だからきちんと貯めなさい」といわれた経験のある人も多いはずです。では、なぜお金を貯めることが大切なのでしょうか。

それは、**お金を貯めておくと将来時点で困らない生活が手に入るからです。**たとえば、スマホや冷蔵庫といった生活必需品が急に壊れてしまうかもしれません。ケガや病気、リストラにみまわれることもあるかもしれません。ですが、お金があればすぐにこれらの問題に対処できるので、困りごとを減らせます。

お金は人生の選択肢も増やす

お金は人生の選択肢を増やすためにも貯めておく必要があります。お金があれば当面の生活には困りませんし、働き方や今後の人生をじっくり考えることもできます。

一方、**お金は使うことで叶えたい夢を達成し、豊かな経験をすることもできます。**新たなスキルを習得する、海外旅行で自分の視野を広げる、といったこともお金があり、使うからこそできる選択です。

お金を貯めるのも大事ですが、お金を残して死ぬのは、もったいないです。人生の選択肢を増やすためにも貯めるだけではなく、上手に使う方法を知ることが大切です。

お金を貯める&使う理由は?

お金はこれらの出費に備えます。

■将来時点で困らないため

1 もしものため

急にお金が必要になったときや、収入が途絶えてしまったとき、お金があれば困らずに済む

2 ライフイベントのため

ライフイベントにはなにかとお金がかかる。きちんとお金を用意しておけば問題なくすごせる

3 余暇のため

夢や目標を実現したり、さまざまな経験をしたりして人生を豊かにするのにもお金がかかる

■人生の選択肢を増やすため

お金があれば人生の選択肢が増やせます!

どっちがいいかな?

お金があると選択肢は多い

お金がないと選択肢は少ない

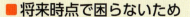

Prologue 2

リスクに備えすぎて使えない？ お金を使わずに残していく人が多い

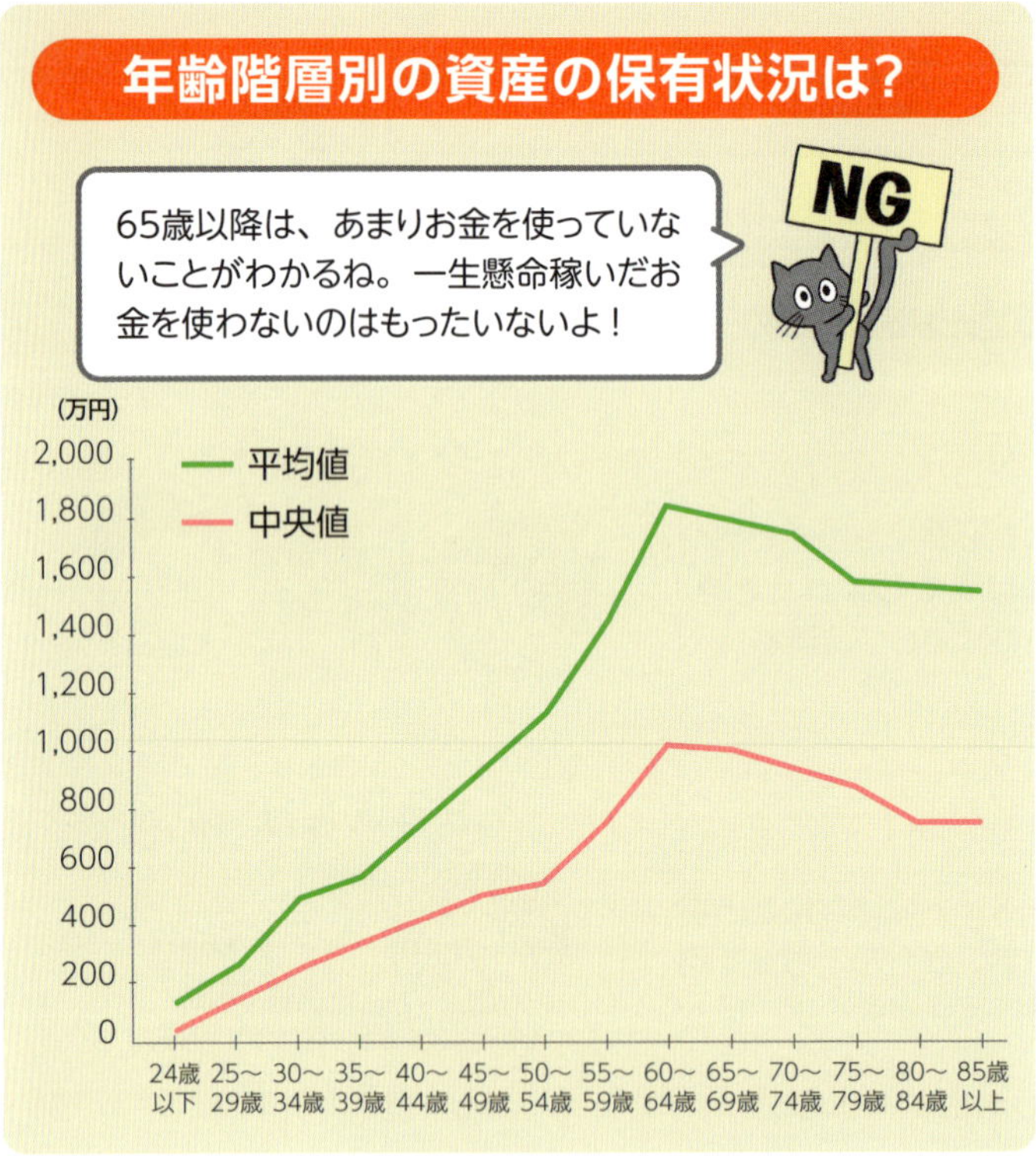
年齢階層別の資産の保有状況は？
65歳以降は、あまりお金を使っていないことがわかるね。一生懸命稼いだお金を使わないのはもったいないよ！
NG
(万円)
2,000
1,800
1,600
1,400
1,200
1,000
800
600
400
200
0
平均値
中央値
24歳以下
25～29歳
30～34歳
35～39歳
40～44歳
45～49歳
50～54歳
55～59歳
60～64歳
65～69歳
70～74歳
75～79歳
80～84歳
85歳以上

内閣府「令和6年度　年次経済財政報告（経済財政白書）」より

貯めたお金を使えていない現実

将来困らないためにまとまった資産を築くことは大切ですが、その**資産を亡くなる前までに使い切っている人は多くないようです。**

内閣府の資料より、年齢階層別の資産の保有状況を見ると、20代以降は歳を重ねるほど増え、60～64歳でピークを迎えます。しかしその後は資産をいくらか使ってはいるものの、80歳をすぎても平均1～2割しか使っていません。それどころか、資産の減りは徐々に緩やかになっています。

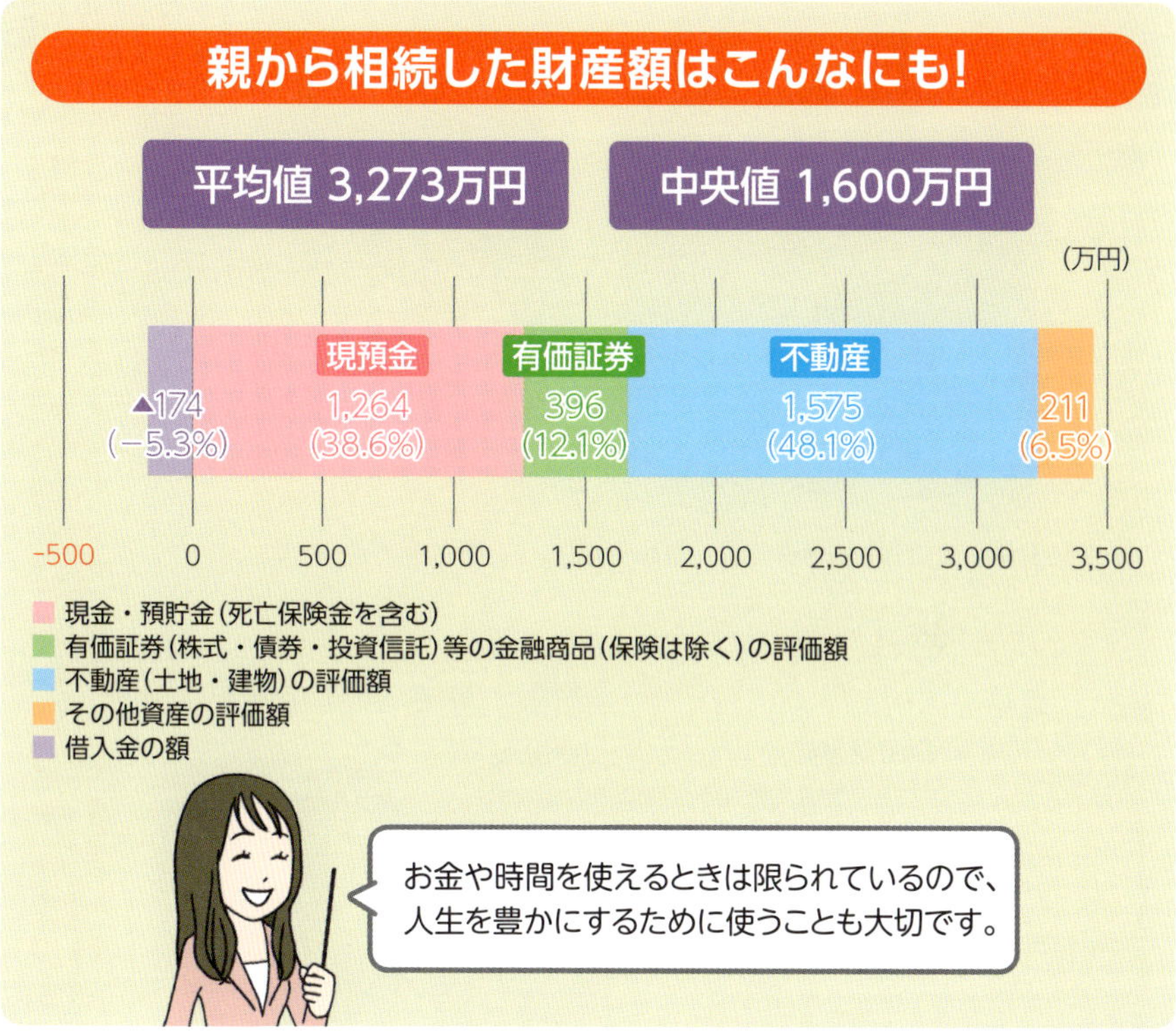

MUFG資産形成研究所「退職前後世代が経験した資産承継に関する実態調査（2020年）」より

お金を貯めることはできても、**上手に使うことができない人が意外と多い**ことがわかります。

ＭＵＦＧ資産形成研究所によると、親から自身が相続した財産額の平均値は３２７３万円（中央値１６００万円）。しかも、相続した現預金の約３分の２は「預貯金への預け入れ」にまわっています。**若いときにお金を使えず、老後までお金を貯め、使えずに亡くなっていく**様子が相続のデータからも見てとれます。

「死んだときが人生で一番お金持ちだった」という人もいますが、そのような人生は幸せとはいえないのではないでしょうか。**お金を使う価値が高い、若い時期に計画的に使うことを考えましょう。**

Prologue 3

幸せになるためにお金や時間を使おう！

せっせとお金を貯めるだけが人生の幸せじゃない

アリとキリギリス、どっちが幸せ？

アリ	キリギリス

一生懸命働いてお金を貯める	遊んでばかりでお金を貯めない
↓	↓
老後も安心！ けどいつまでも遊べない…	**老後は困る…** 一応遊べはする

もしものときに備えてお金を準備する必要はありますが、必要以上にお金を貯めこむ必要もありません。

稼いだお金はいつ使うの？

2020年に刊行された書籍、『DIE WITH ZERO 人生が豊かになりすぎる究極のルール』（ビル・パーキンス著、ダイヤモンド社）のテーマは**「死ぬまでにお金をどう使い切るか」**。日本だけでなく、世界中でベストセラーになりました。

同書の冒頭では、童話「アリとキリギリス」の話が登場します。アリはせっせと働いたおかげで冬を越せますが、キリギリスは遊んでいたため、冬が越せません。「働くべきときに働かないと飢え死にする」という

悔いの残らないように「今」やろう

教訓ですが、はたしてアリは、いつ遊ぶことができるのでしょうか？

もちろん、生き残るためには働かなければなりません。しかし、人生の目的は生き残ることではなく「幸せに生きること」です。それを実現するためには、**人生を豊かにするためにお金や時間を使ったほうが有意義です。**

お金や時間を使えるときは限られています。いつか「スキューバダイビングがしたい」と思っていても、80代になってからするのは難しそうです。ですから貯めたお金を使い、今しかできないことをすることも大切。**お金を使うことで今の生活を充実させることができ、その結果、人生の幸福度を上げることができるのです。**

Prologue 4

経験・思い出からは「記憶の配当」「幸せの配当」が得られる

お金は若いうちに使うほうがいい！

経験から得る価値は若いほど大きい

もしも20代のうちに世界一周旅行をしたら、その経験を家族やほかの人に話せたり、アドバイスをしたりできるでしょう。そしてそこから新たな出会いや交流、ビジネスが生まれたりするかもしれません。

経験から得られる価値は、時間が経つほど高まります。**こうした「記憶の配当」からは「複利効果」が得られます。**

また、前項で触れたように、経験を楽しむ能力は年齢が上がるにつれて低下します。健康状態がよくない人はもっと早く低下します。したがって、**お金を使う価値は若いほうが圧倒的に高いのです。**

思い出は「幸せの配当」をもたらす

人生でもっとも大切なことは、思い出をたくさんつくることです。なぜなら、自分の人生の最後に残るものは、お金ではなく思い出だからです。

大切な家族や友人と過ごした日常や旅行など、人は思い出を通じて人生の出来事をいつでも振り返り、再度体験できます。そして、そこからいつでも幸せを得ることができます。つまり、**思い出は生涯にわたって「幸せの配当」を与え続けてくれる**のです。

たくさんの思い出が積み重なるほど、**複利効果によってその人の幸福度が高くなる**と考えられます。

若いうちに経験を楽しむメリットとは

■若いときの経験のほうが「記憶の配当」が大きい

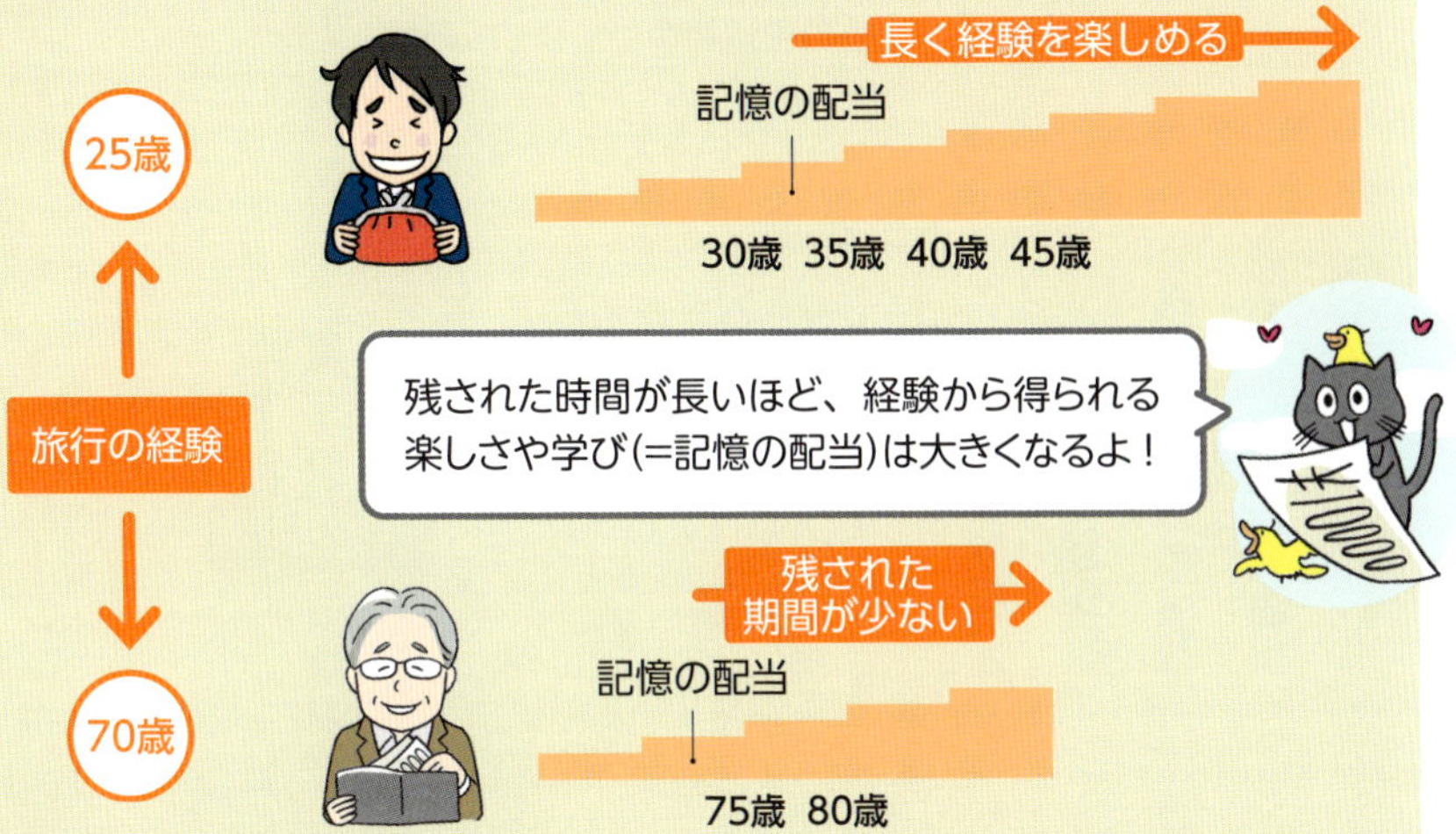

■年齢と活動能力の関係

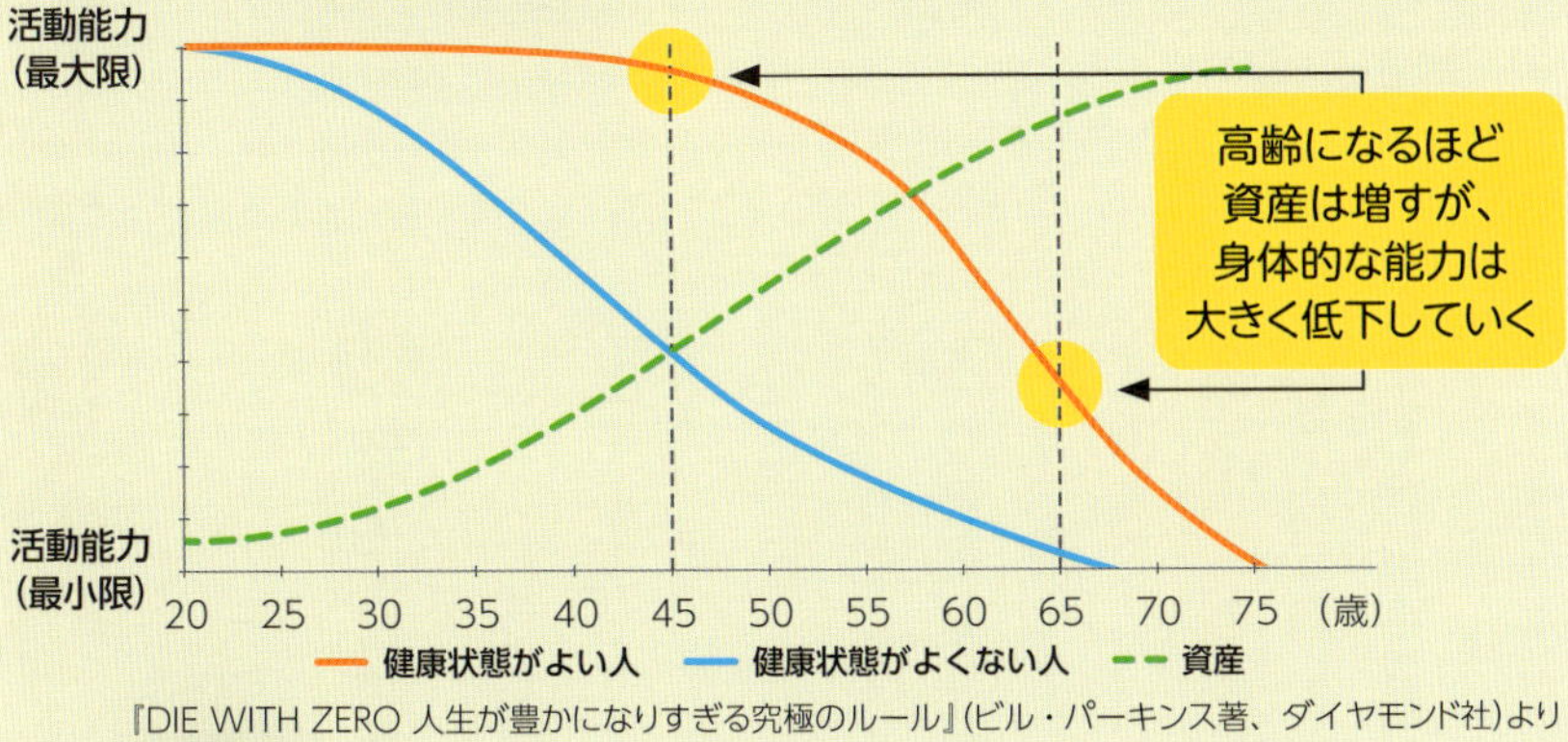

『DIE WITH ZERO 人生が豊かになりすぎる究極のルール』(ビル・パーキンス著、ダイヤモンド社)より

『DIE WITH ZERO』では、日々の楽しい経験、素晴らしい経験ほど多くの「経験ポイント」が得られると紹介しています。この先、多くのポイントを得るためにはどうすればよいかを考え、実践していけば、人生は豊かになっていきます。

Prologue 5

それでも、やっぱりお金がないと不安?

効率よく貯めて安心して使おう!

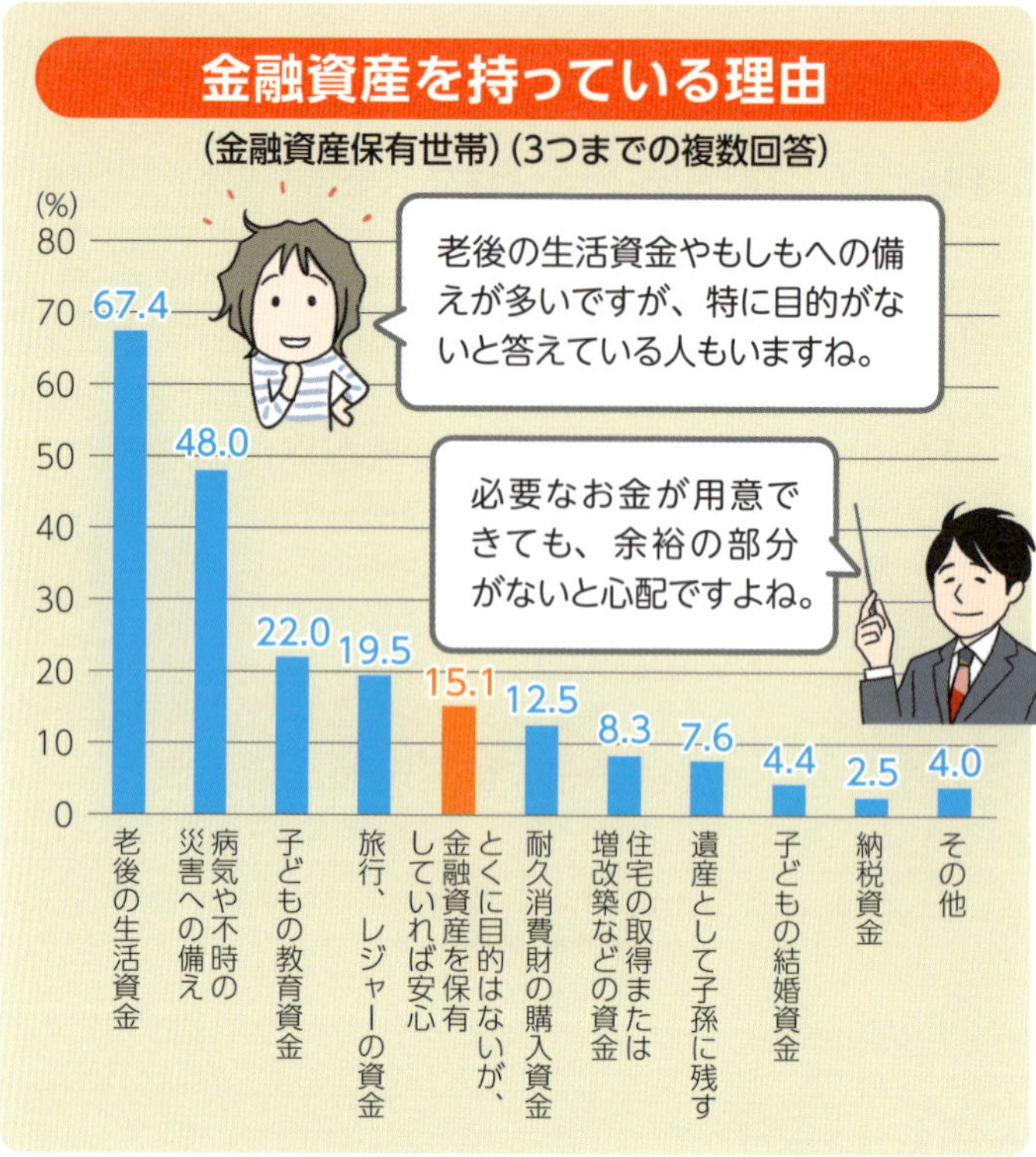

金融広報中央委員会「家計の金融行動に関する世論調査[二人以上世帯調査]」2023年より作成

安全に資産を使っていく

将来のために貯めたお金でも、いざ取り崩していこうとすると不安に思う方が多いかもしれません。上図の調査によると、金融資産を持っている理由として「目的はないが保有していると安心」をあげる人が15%います。目的がない貯金は一見不要にもみえますが、**お金があることは安心を得る材料になるのです。**

『サイコロジー・オブ・マネー 一生お金に困らない「富」のマインドセット』(モーガン・ハウセル著、ダイヤモンド社)においても、目的の

目的のないお金があると選択肢が増える

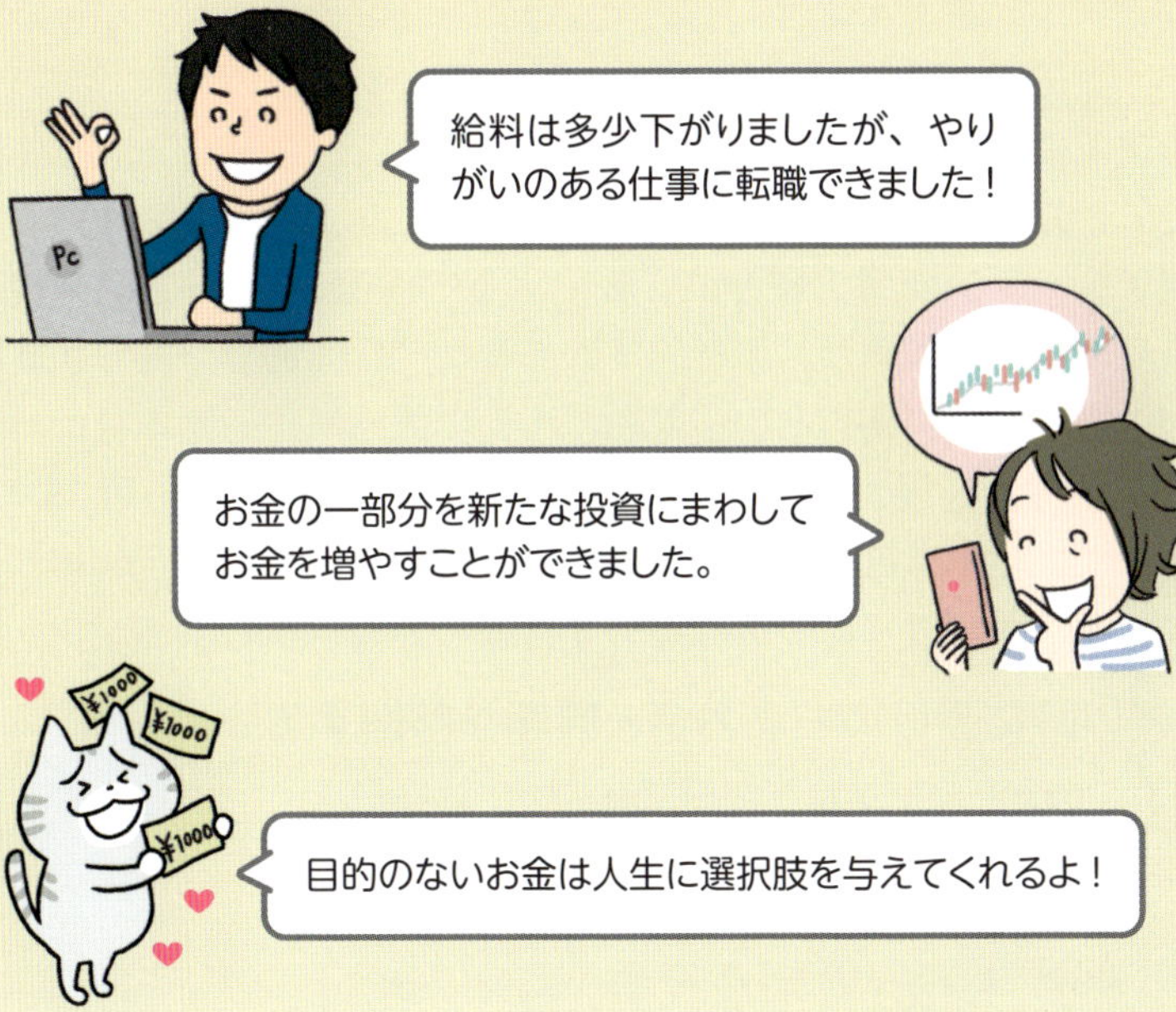
給料は多少下がりましたが、やりがいのある仕事に転職できました！
お金の一部分を新たな投資にまわしてお金を増やすことができました。
目的のないお金は人生に選択肢を与えてくれるよ！

ない貯金が重要だと指摘しています。

目的のない貯金があれば、たとえば給料が安くてもやりがいのある仕事ができたり、投資のチャンスが訪れたときにお金をまわしたりできるでしょう。

老後のための住宅や車の購入といった目的のためのお金も重要ですが、**特定の目的がなくても貯金をすると人生の選択肢と柔軟性が手に入る**と同書は説いています。

このように、貯金をするメリットももちろんあります。ただ一方で、そればかりになってしまうと前項までに説明したように、幸福度は上がっていきません。そこで本書では、**資産を増やしつつも、上手に使っていき、「死ぬときにほぼ資産ゼロ」を目指す方法**を紹介していきます。

Column

定年後にもらえるお金は?

死ぬまでにお金を使い切りたいときの前提として知っておきたいのが、定年後にどのようなお金をもらえるかということ。特に定年後は、退職金や企業年金、公的年金のほかに、人によってはiDeCoやNISAの資産をいつどのように受け取るか、引き出すかを考えていく必要があります。

また、いくら使い切るといっても、手元に入ってくる定年後のお金は多いほうがお得ですし、手取りが増えれば、その分資金を運用にまわして、お金を増やしていくことも可能です。下記の図を参考に、定年後、何歳でどんなお金が受け取り可能になるのか整理しておきましょう。

60歳以降に受け取れるお金と時期を整理する

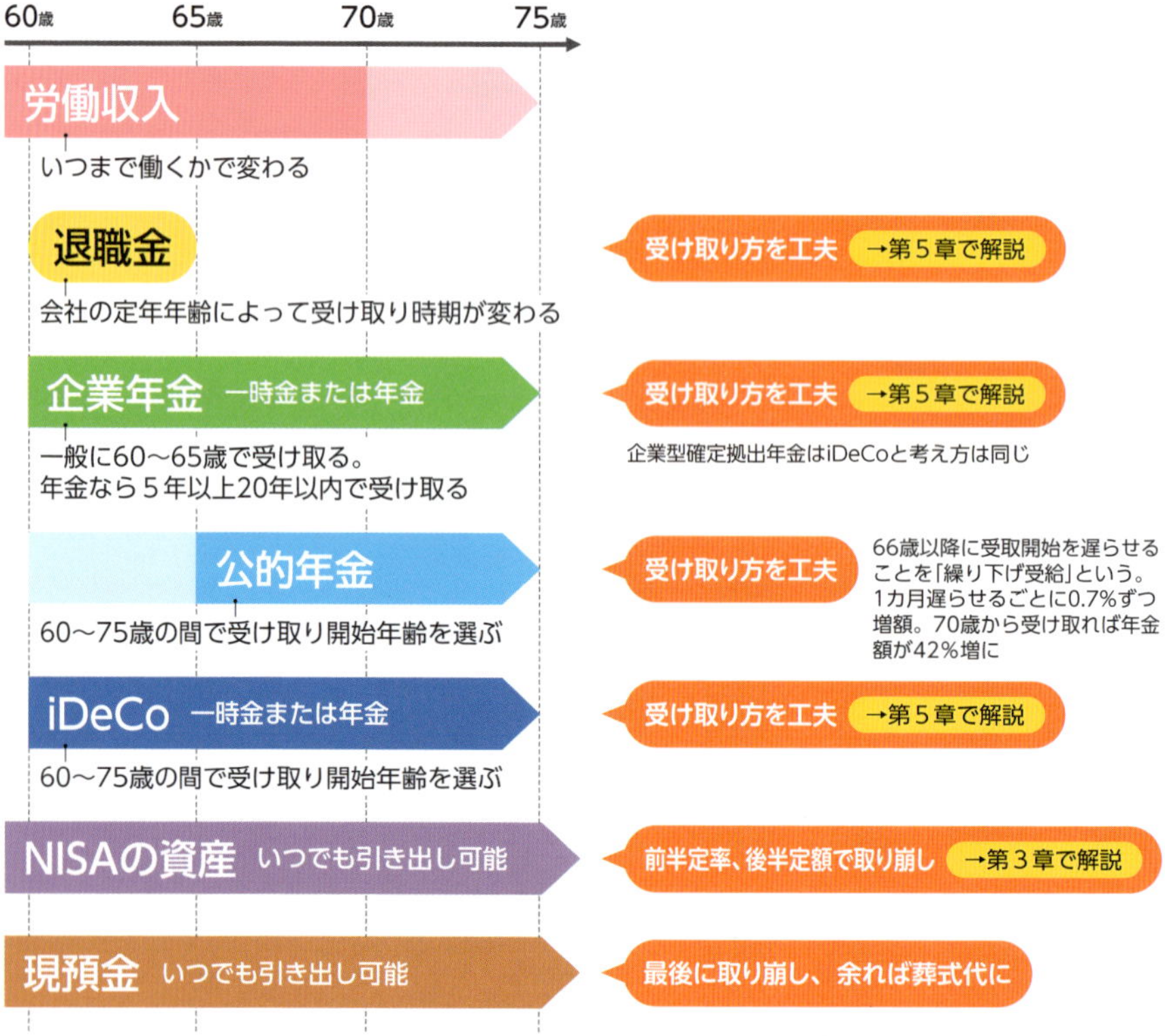

第1章

取り崩す前に押さえておきたいお金の話

お金を減らすといっても、現在の生活や老後に
困らないようにするための最低限の現預金は必要です。
まずは、本章で必要な金額を把握しましょう。
将来の心配をすることなく、それ以外のお金を投資にまわせたり、
使ったりすることができるようになります。

お金は使いつつ将来に向けた投資を

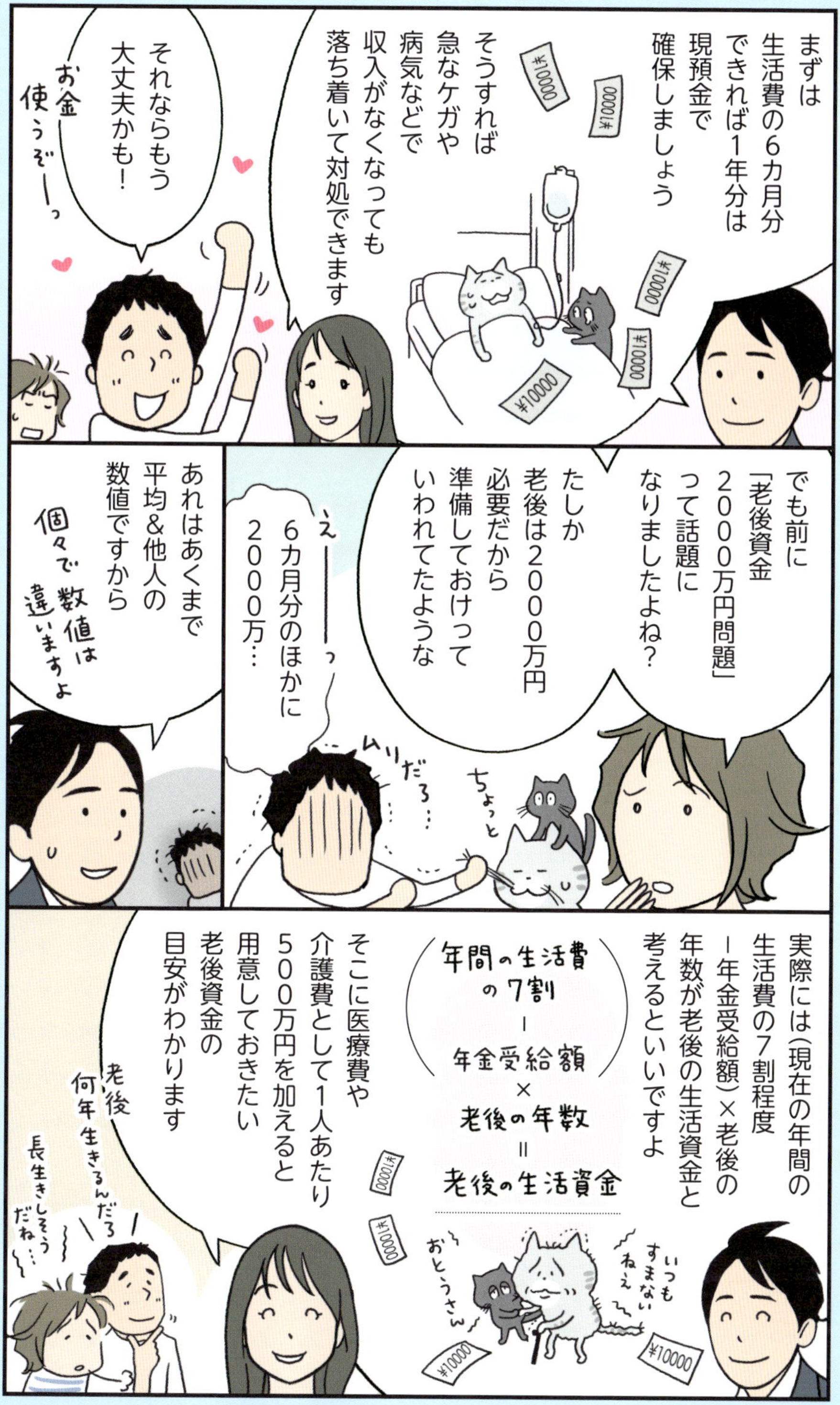
まずは
生活費の6カ月分
できれば1年分は
現預金で
確保しましょう
そうすれば
急なケガや
病気などで
収入がなくなっても
落ち着いて対処できます
それならもう
大丈夫かも！
お金使うぞ――っ
でも前に
「老後資金
2000万円問題」
って話題に
なりましたよね？
たしか
老後は2000万円
必要だから
準備しておけって
いわれてたような
え――――っ
6カ月分のほかに
2000万…
ムリだろ…
ちょっと
あれはあくまで
平均&他人の
数値ですから
個々で数値は違いますよ
実際には（現在の年間の
生活費の7割程度
－年金受給額）×老後の
年数が老後の生活資金と
考えるといいですよ
年間の生活費の7割
－
年金受給額
×
老後の年数
＝
老後の生活資金
いつもすまないねぇ
おとうさん
そこに医療費や
介護費として1人あたり
500万円を加えると
用意しておきたい
老後資金の
目安がわかります
老後何年生きるんだろ
長生きしそうだね…

※ 現在の月々の生活費を35万円・年金額手取り20万円で算出

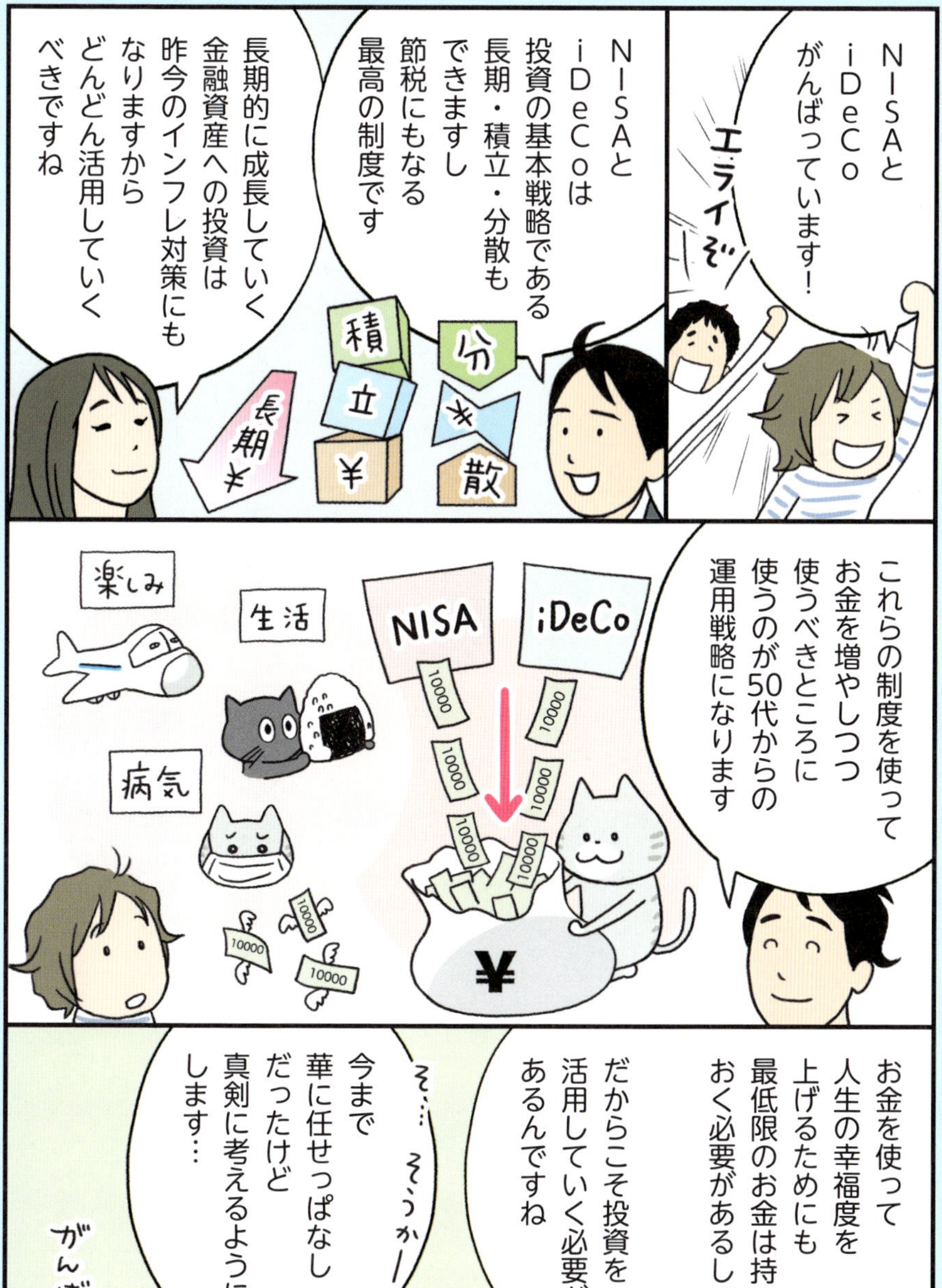
NISAとiDeCoがんばっています！
エライぞ
NISAとiDeCoは投資の基本戦略である長期・積立・分散もできますし節税にもなる最高の制度です
分
散
積
立
¥
長期
長期的に成長していく金融資産への投資は昨今のインフレ対策にもなりますからどんどん活用していくべきですね
これらの制度を使ってお金を増やしつつ使うべきところに使うのが50代からの運用戦略になります
NISA
iDeCo
楽しみ
生活
病気
10000
¥
お金を使って人生の幸福度を上げるためにも最低限のお金は持っておく必要があるし
だからこそ投資を活用していく必要があるんですね
そ…そうか～
今まで華に任せっぱなしだったけど真剣に考えるようにします…
がんばれ
投
資
¥

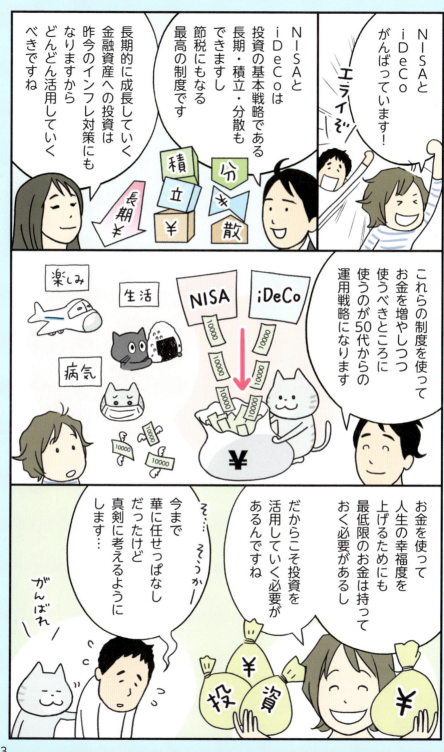

TOPIC 01

現預金で最低限の生活費を確保しよう！

現役時代のもしものお金はいくら必要？

社会保険ではどれだけもらえる？

もしも今、突然病気やケガにみまわれて収入がなくなってしまったら、生活していけるでしょうか。会社員や公務員であれば健康保険から傷病手当金がもらえますが、**支給される金額は毎月の給与のおよそ3分の2になります**し、手続きから支給まで2週間～1カ月程度の時間がかかります。

また、リストラにあったらどうでしょうか。**失業給付は退職前6カ月間の平均給与のおよそ50％から80％が所定の日数もらえます。**しかし、こちらも手続きから支給まで最短でも1カ月。3カ月かかる場合もあります。

生活費6カ月分は現預金で貯めよう

現役時代のもしもを考えると、**まずは生活費の6カ月分、できれば1年分を貯めておきたいところです。**生活費が月30万円なら、180万円～360万円はすぐに使える現預金で貯めておくのがよいでしょう。少なくとも6カ月分の生活費があれば、病気やケガ、リストラにあったとしても落ち着いて対処できます。

貯蓄は、毎月の**収入から先に貯蓄額を取り分ける「先取り貯蓄」で確実に貯めていきます。**節約は、通信費・光熱費・生命保険料といった、**毎月の支払額が決まっている固定費を優先して見直しましょう。**

Memo

自営業やフリーランスの方には傷病手当金がありません。また、リストラこそありませんが失業給付もありません。それだけ、もしもに備えて用意しておきたい金額が増えることになります。

もしもの備えがないと困ったことに

■公的な社会保険は意外と充実しているが…

傷病手当金

毎月の給与のおよそ3分の2が通算1年6カ月もらえるが、支給に2週間～1カ月程度かかる

失業給付

退職前6カ月の給与のおよそ50～80%がもらえるが、支給に1カ月または3カ月かかる

困ったときにはお金がもらえる制度もありますが、もらえるまでに時間がかかりますし、金額も給与よりは少ない点には注意しましょう。

■節約は優先順位をつけて取り組む

金額が大きい ＞ 金額が小さい
効果が持続する ＞ 効果が持続しない
我慢が不要 ＞ 我慢が必要

固定費の節約を優先しましょう！

支出を見直す順番は…

1 固定費

住居費・スマホ など

2 ムダ遣い

酒・煙草・コーヒー・アプリ課金 など

3 変動費

食費・被服費 など

TOPIC 02

老後の医療費は過度に心配する必要はない

老後の医療費はいくら必要？

生涯の医療費の半分は70歳から

厚生労働省が２０２３年に発表した「医療保険に関する基礎資料」（令和３年度）によると、生涯にかかる医療費は２８００万円。**そのうちおよそ半分の１４００万円は70歳以上でかかると推計されています。**

医療費分だけでそんな大金を用意できないと心配に思われる方もいるかもしれません。しかし、**すべて自分で用意する必要はありません**ので、ご安心ください。

同じ厚生労働省の資料を見ると、医療費の自己負担額がもっとも多い65～69歳でも年８・６万円。そのほかの年代でもおおむね年７～８万円になっています。

老後の医療費の目安は１８９万円

医療費の自己負担が少なくて済む理由は、公的医療保険があるからです。病院などで保険証を提示すれば、医療費は原則3割負担で済みますし、70歳以上の医療費は原則2割負担、75歳以上の医療費は原則1割負担となります。また、高額な医療費がかかっても高額療養費制度があるため、負担はあまり大きくなりません。

だからといって、まったくお金を用意しなくていいわけではありません。**65歳から90歳未満までの25年間の自己負担額を合計すると、1人あたり１８９万円程度。**これがひとつの目安となるでしょう。

Memo

2025年12月に従来の健康保険証が廃止されます。今後はマイナンバーカードを代わりに使った「マイナ保険証」を医療機関等で利用するのが基本に。マイナ保険証を持っていない場合は郵送で届く「資格確認書」の提示で受診できます。

老後の医療費負担はどのくらい？

65歳以降の公的医療保険

		70歳未満	70歳〜 75歳未満	75歳〜 75歳以上
加入先	継続雇用	会社の健康保険	会社の健康保険	後期高齢者医療制度（75歳からすべての人が移行する）
	年金生活	（多くは）国民健康保険	（多くは）国民健康保険	
医療費の自己負担		3割	2割（所得によって3割）	1割（所得によって2割、3割）
保険料		加入している健康保険による		都道府県により異なる

医療費の自己負担は
所得により異なるよ。

医療費の自己負担額（各期間（5年間）の合計額）

	65〜69歳	70〜74歳	75〜79歳	80〜84歳	85〜89歳
医療費	235万円	302.5万円	384.5万円	454.5万円	520万円
自己負担額	43万円	36万円	32.5万円	37万円	40.5万円

自己負担額合計 → **25年の総額は189万円！**

厚生労働省「医療保険に関する基礎資料」（令和3年度）より作成

※医療費・自己負担額は、それぞれ加入者の年齢階級別医療費および自己負担額をその年齢階級の加入者数で割ったもの

TOPIC 03

平均5年の介護期間で使う費用を知っておこう！

老後の介護費の自己負担はいくら？

介護の平均費用は542万円！

生命保険文化センター「生命保険に関する全国実態調査」（2024年度）によると、介護費用の平均は介護をするために必要な器具の購入や住宅のリフォームなどの一時的な費用が47万円、月々の介護にかかる費用の平均月額が9・0万円。平均的な介護期間は4年7カ月です。

これらから単純に合計すると542万円になるのですが、実際には介護保険からの給付があるため、自己負担額がいくらかはわかりません。生命保険文化センターの別の具体例を見ると、**自己負担額は1割負担の場合、初月約11・2万円、以降約9・2万円となっています。**こちらのほうが実態に近いでしょう。

介護度によって支給限度額は異なる

公的な介護保険のサービスは、要介護認定を受けることで決まる**介護度（要支援・要介護）の段階に応じて支給限度額が定められています。**そして、**支給限度額の範囲であれば原則1割負担で介護サービスを受けることができます。**支給限度額以上の介護サービスは全額自己負担です。

なお、介護度が認定されたらケアマネジャー（または地域包括支援センター）とともにケアプランを作成し、このケアプランに基づいて介護サービスを受けます。

Memo

介護保険の自己負担額は、65歳以上の一人暮らしの場合、前年の所得（年金＋その他の所得）が280万円以上だと２割、340万円以上の人は３割。65歳以上の夫婦の場合、前年の所得が346万円以上だと２割、463万円以上だと３割です。

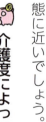

老後の介護負担はどのくらい？

介護にかかった費用の例（要介護3・1割負担の場合）

介護サービスの利用額（月額）

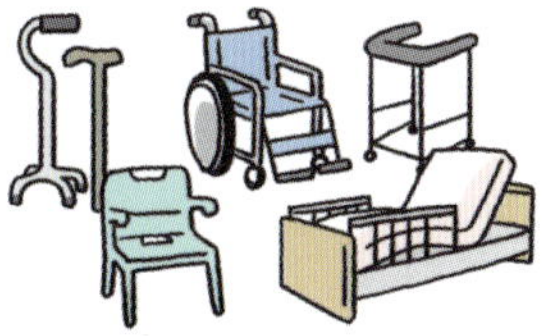

介護保険適用	約29万円 （1割負担）約2.9万円
介護保険適用外	約6.3万円 （10割負担）約6.3万円
合計	約9.2万円（毎月かかる）

介護保険対象の初期費用

住宅改修・福祉用具購入など	20万円 （1割負担）2万円
合計	約2万円（初月のみかかる）

生命保険文化センターの資料によると、要介護3の人の介護で初月約11.2万円、以降月約9.2万円と紹介されています。これをひとつの目安にしましょう。

生命保険文化センター「実際にかかる介護費用はどれくらい?」より作成

介護度ごとの支給限度額と自己負担額

介護度が高いほど支給限度額も増えるんですね！

介護度	支給限度額	自己負担額		
		1割	2割	3割
要支援1	50,320円	5,032円	10,064円	15,096円
要支援2	105,310円	10,531円	21,062円	31,593円
要介護1	167,650円	16,765円	33,530円	50,295円
要介護2	197,050円	19,705円	39,410円	59,115円
要介護3	270,480円	27,048円	54,096円	81,144円
要介護4	309,380円	30,938円	61,876円	92,814円
要介護5	362,170円	36,217円	72,434円	108,651円

※自己負担額は基本的に1割だが、一定以上の所得がある場合は2割・3割

TOPIC 04

定年後もライフイベントはたくさんある!

定年後にかかるお金ともらえるお金

50代以降もお金はかかる

人生のライフイベントにはお金がかかるもの。それは50代以降も同じです。

子どもが独立していない場合、教育費はまだかかります。たとえば、子どもの大学進学費用は進学先によって異なりますが、３００～５００万円程度必要です。

定年後にもさまざまなお金がかかります。住まいのリフォーム費用は平均４８５万円。医療費の自己負担割合は70歳から減るとはいえ、回数が増えれば費用もかさみます。また介護サービスを受けたり、老人ホームを利用したり、お葬式をあげたりするのにも、もちろんお金がかかります。

さらに、ライフイベントだけでなく、**自分の叶えたい夢や目標のために使うお金も用意する必要があります。**

60代以降にもらえるお金は?

定年時にもらえる退職金はまとまった金額にみえますが、近年減少傾向にあるうえ、退職金制度のない企業も増えつつあります。

65歳からもらえる年金額は国民年金(満額)が６・９万円(２０２５年度)、厚生年金(国民年金含む平均)が約14・７万円(２０２３年度)。定年後の再就職・再雇用もありますが、多くの場合で給与は減ります。**60代以降にもらえるお金だけで、必要なお金をまかなえる人は少数派でしょう。**

Memo

厚生労働省「就労条件総合調査」によると、1997年時点の退職金額は大学卒で2,871万円、高校卒(管理・事務・技術職)で1,969万円でした。しかし、25年後の2022年では1,896万円・1,682万円。退職金は大幅に減っているのです。

50歳以降にかかるお金ともらえるお金の例

50歳 子ども関連費用

子どもの大学費用（４年間）
国立……………………………243万円
私立文系………………………410万円
私立理系………………………542万円

子どもの結婚援助金
平均184万円

60歳 定年退職・年金

退職金（→P162）
大卒 …………………………1,896万円
高卒 …………………………1,682万円
（管理・事務・技術職）

再就職・再雇用
年金＋給与＝51万円※以上で
厚生年金がカットされる
※2026年4月から
62万円に引き上げ予定

年金
国民年金（満額）…………………………6万9,308円
厚生年金（国民年金含む平均）………14万7,360円

70歳以降 老後の生活費・リフォーム費

老後の生活費の平均（月）
夫婦 ……………………………約28.3万円
単身 ……………………………約15.8万円

戸建てのリフォーム予算
平均485万円

医療費・介護サービス費

外来の医療費負担
70～74歳 ……………………2割負担
75歳以上 ……………………１割負担
（現役並み所得者は３割）

介護保険支給限度額（月額）
5万～36万円（要介護度により異なる）

高額療養費の自己負担限度額
外来（個人ごと）………1万8,000円

老人ホーム（→P176）
入居金・敷金 ………0～数千万円
月額費用…………… 5万～30万円

葬儀費用…………………119万円

困らないためにも、前もってお金を用意しておくとともに、投資などで増やすことも検討しましょう。

こうやってみると、50代以降に必要なお金もいろいろありますね…。

TOPIC 05

結局、老後の資金はいくら用意する？

老後資金2000万円という基準はあてにならない

自分の老後資金を計算しよう

少し前に世間を賑わせた「老後資金2000万円問題」は、総務省の「家計調査」(2017年)の示す老後の収支金額をもとに計算されていました。しかし、このデータは平均かつ他人の収支金額。**大切なのは「自分にとって老後資金がいくら必要か」を見積もることです。**

2023年の家計調査によると、70歳以上の夫婦世帯の生活費は現役世代(50〜59歳)の71・6%です。ですから、ご自身の老後の生活費は**現在の生活費の7割として計算するのがベターです。**老後にもらえる年金額の不足分に対し、老後の年数をかけると、最低限必要な老後資金がわかります。そこに、医療費と介護費を合わせて1人あたり500万円を加えると、用意しておきたい老後資金の目安がわかります。

50代と70代以上の生活費の違い

家計調査のデータから50代と70代以上の二人以上世帯の1カ月の消費支出を見ると、特に**教育にかかる費用が大きく減り、増えているのは「保険医療」だけです。**

住居費が安いのは、持ち家で家賃がかかっていない人がいるからです。住宅ローンの返済は住居費には含まれていません。**住宅ローンを返済している場合、賃貸住宅に住む場合はさらにお金がかかります。**

用語解説

老後資金2,000万円問題: 「年金とは別に老後資金が2,000万円不足する」問題。2017年の家計調査をもとに金融庁の資料で「夫婦無職世帯では毎月約5.5万円不足するため、老後30年間で約2,000万円不足する」と指摘されて話題に。

用意しておきたい老後資金額を計算してみよう

■用意したい老後資金の計算式

老後の年数は30年などで見積もってみましょう。

現在(現役世代)の年間支出 ［　　　　円］×0.7

＝老後の年間支出 ［　　　　円］ ❶

(「家計調査」によると、70代の生活費は50代の約7割になっているのが根拠)

老後の年金額 ［　　　　円］ ❷

(❶－❷) ［　　　　円］×老後の年数 ［　　年］

＝最低限必要な老後資金 ［　　　　円］ ❸

❸＋医療費・介護費(夫婦なら1,000万円・シングルなら500万円)

＝用意しておきたい老後資金額 ［　　　　円］

■50代夫婦と70代以上夫婦の生活費比較

	①50代	②70代以上	割合(②／①)
食料	87,306円	75,874円	86.9%
住居	18,648円	15,815円	84.8%
(参考)住宅ローン返済費用	40,864円	10,011円	24.5%
光熱・水道	24,933円	23,795円	95.4%
家具・家事用品	13,448円	10,565円	78.6%
被服及び履物	12,415円	5,622円	45.3%
保険医療	13,713円	15,933円	116.2%
交通・通信	54,443円	29,758円	54.7%
教育	25,622円	443円	1.7%
教養娯楽	32,440円	22,859円	70.5%
その他の消費支出	65,056円	48,512円	74.6%
支出合計(住宅ローン返済費用は含まず)	348,024円	249,176円	71.6%

総務省「家計調査(家計収支編)」(2023年)より作成

教育費の減りが大きいね。

TOPIC
06

これからの時代は投資をぜひ検討しよう

金融資産への投資でお金に働いてもらう

投資を検討したい理由

必要な資金を用意しようと思ったとき、検討してほしいのが「投資」です。

たとえば、現状の給与のもとで手取りを増やそうとしたとき、仮に働いて成果が出ても、**給与に反映されるには時間が必要**となります。また、**副業で収入を増やすのも時間がかかります**し、本業をしながらでは時間にも限りがあります。加えて、**節約で支出を抑えようとしてもその金額には限界があります。**

また、給与が増えても**税金や社会保険料も増える**ため、手取りは給与ほど増えません。しかも制度改正などで、税金・社会保険料の負担は上昇傾向にあります。

その一方で、投資をすると**物価上昇による資産の目減りを防げる可能性があるため（→P46）、インフレ対策**になります。これらの理由から、お金を増やすためにも投資を活用することをおすすめします。

レバレッジの考え方で手取りアップ

手取りを増やすには、自分以外に働いてもらう「レバレッジ」の考え方が重要です。そのなかでインフレ対策にもなるのが、**株・投資信託など長期的に成長していく金融資産への投資。**働いている時間や寝ている間でさえもお金を稼ぐことができ、手取りを増やすことができます。

用語解説

レバレッジ: 「てこ」を意味し、小さな力で大きなものを動かすこと。投資用語として使われるレバレッジには、少ない金額で多額の資金を動かすという意味があるが、ここでは自分だけでなくお金にも働いてもらうことを指す。

投資が必要な理由

勤労収入はなかなか増えない

成果が給与に反映されない、反映が遅い

給料
あがらん!
給与
明細

平均給与の推移
(2000年～2023年)

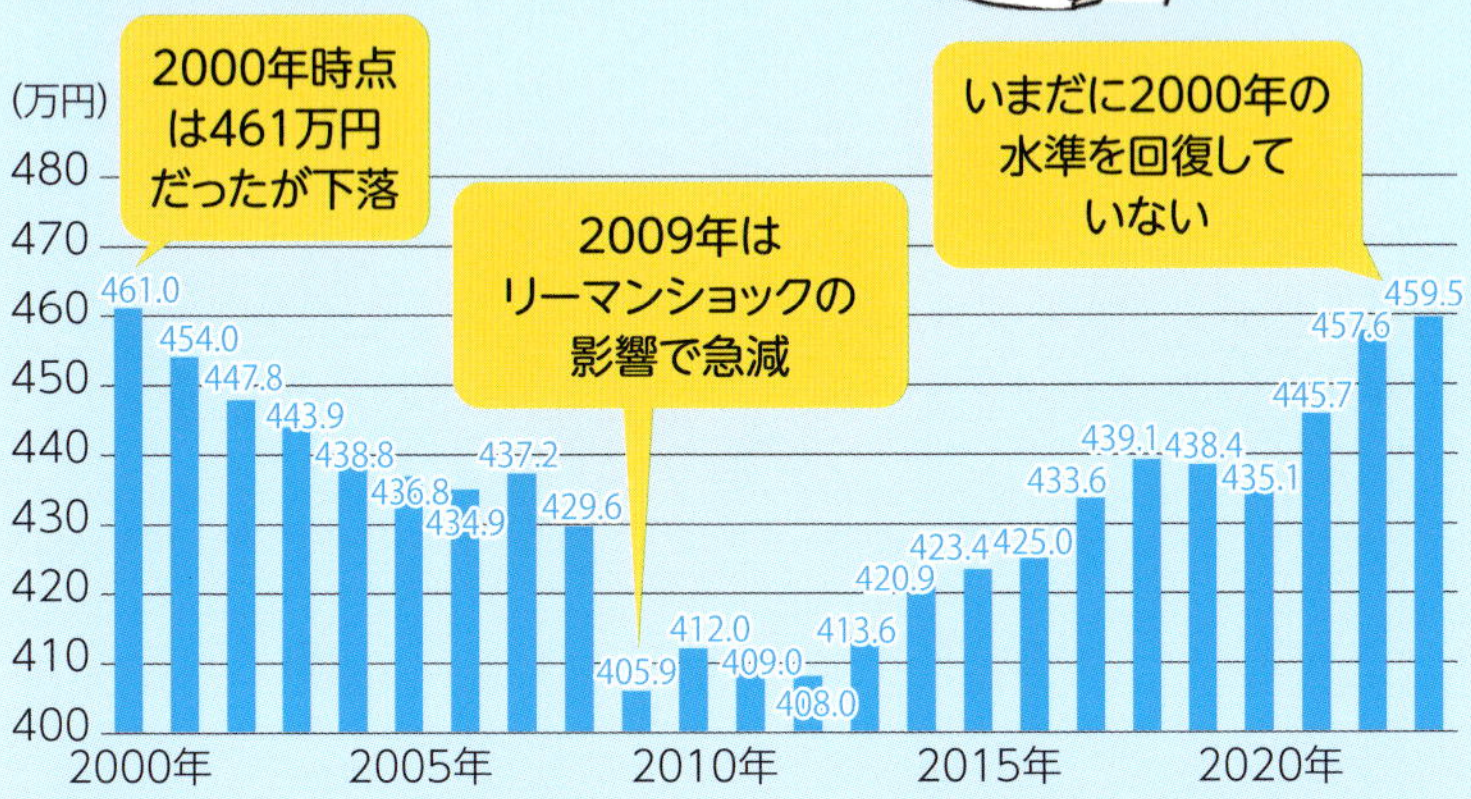
2000年時点
は461万円
だったが下落
2009年は
リーマンショックの
影響で急減
いまだに2000年の
水準を回復して
いない
(万円)
480
470
460
450
440
430
420
410
400
461.0
454.0
447.8
443.9
438.8
436.8
434.9
437.2
429.6
405.9
412.0
409.0
408.0
413.6
420.9
423.4
425.0
433.6
439.1
438.4
435.1
445.7
457.6
459.5
2000年
2005年
2010年
2015年
2020年

国税庁「民間給与実態統計調査」より作成

副業収入にも時間の限界

副業をしている時間は
あまりとれない

副業
今日も
時間ない
PC

節約にも限界がある

いくらでも節約
できるわけではない

今日は30円節約
できた…

税金・社会保険料負担増

社会保険料の負担率

※( )内は労使折半後の金額

	2003年度	2025年度
健康保険料	8.2%(4.1%)	**9.91%(4.955%)**
厚生年金保険料	13.58%(6.79%)	**18.3%(9.15%)**
介護保険料	0.89%(0.445%)	**1.59%(0.795%)**

投資は、物価上昇による資産の目減りを防げるので、インフレ対策にもなるよ!

TOPIC 07

今のままだと現預金はどんどん減る？

金融資産への投資でお金を守る！

物価上昇＝お金の価値の下落

このところ日本では、物価が上昇する「インフレ」が続いています。消費者物価指数は2021年12月以降上昇しており、近年は前年同月比2〜3%の間で推移しています。実際、買い物のときなどにこれまで買っていたものが値上がりしたと感じたことのある人も多いでしょう。

それに対して、大手銀行に預金した場合の金利は年0・2%（2025年3月時点）。2024年以降は金利が上昇していますが、それでも物価上昇率に遠く及ばないのが現状です。この状態が続くと、**お金の価値は徐々に目減りしていきます。**

投資はお金を守ることにもつながる

たとえば、銀行に1000万円（金利年0・2%）を30年預けるとします。物価上昇率を0%とするなら、手元の1000万円は1062万円に増えます。しかし、物価上昇率が高くなればなるほど、1000万円の価値は目減りします。仮に、**物価上昇率2%が30年続くと、1000万円の価値は579万円に減ってしまいます。**

しかし、投資をして物価上昇よりも早いペースでお金を増やすことができれば、お金の目減りを防ぐことができます。**金融資産への投資はお金を増やすためだけでなく、お金を守るためにも必要なのです。**

用語解説

消費者物価指数：さまざまな商品やサービスの価格を指数で表した指標。総務省が毎月公表し、100を基準に、それより多ければ物価上昇、少なければ物価下落を表す。「生鮮食品を除く総合」の指数がよく用いられる。

インフレ対策は幸せな人生のために必須

■消費者物価指数（2021年12月〜、生鮮食品を除く総合（前年同月比））

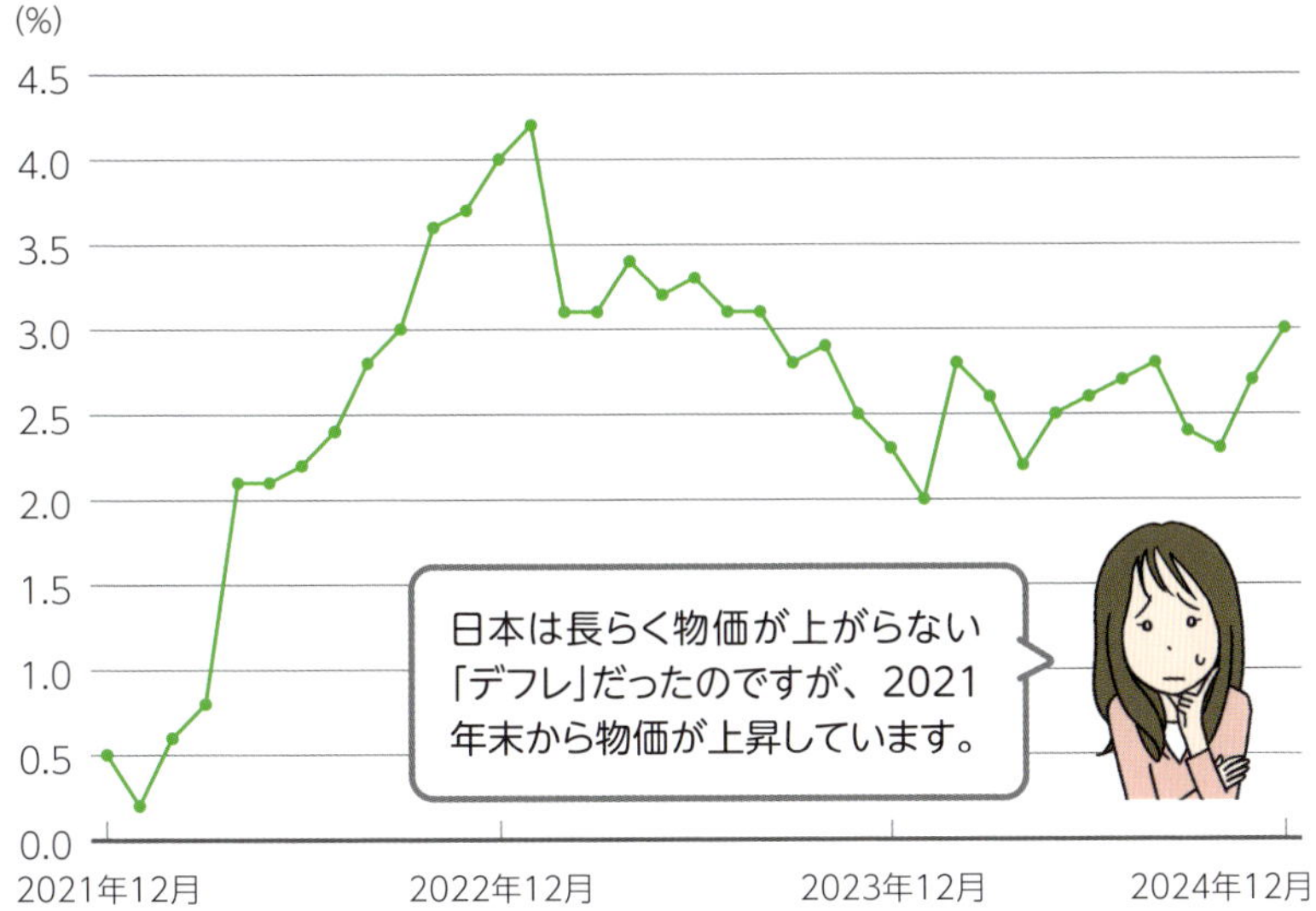

■物価上昇でお金の価値が目減りする

銀行に1,000万円（金利年0.2%）を預けた場合

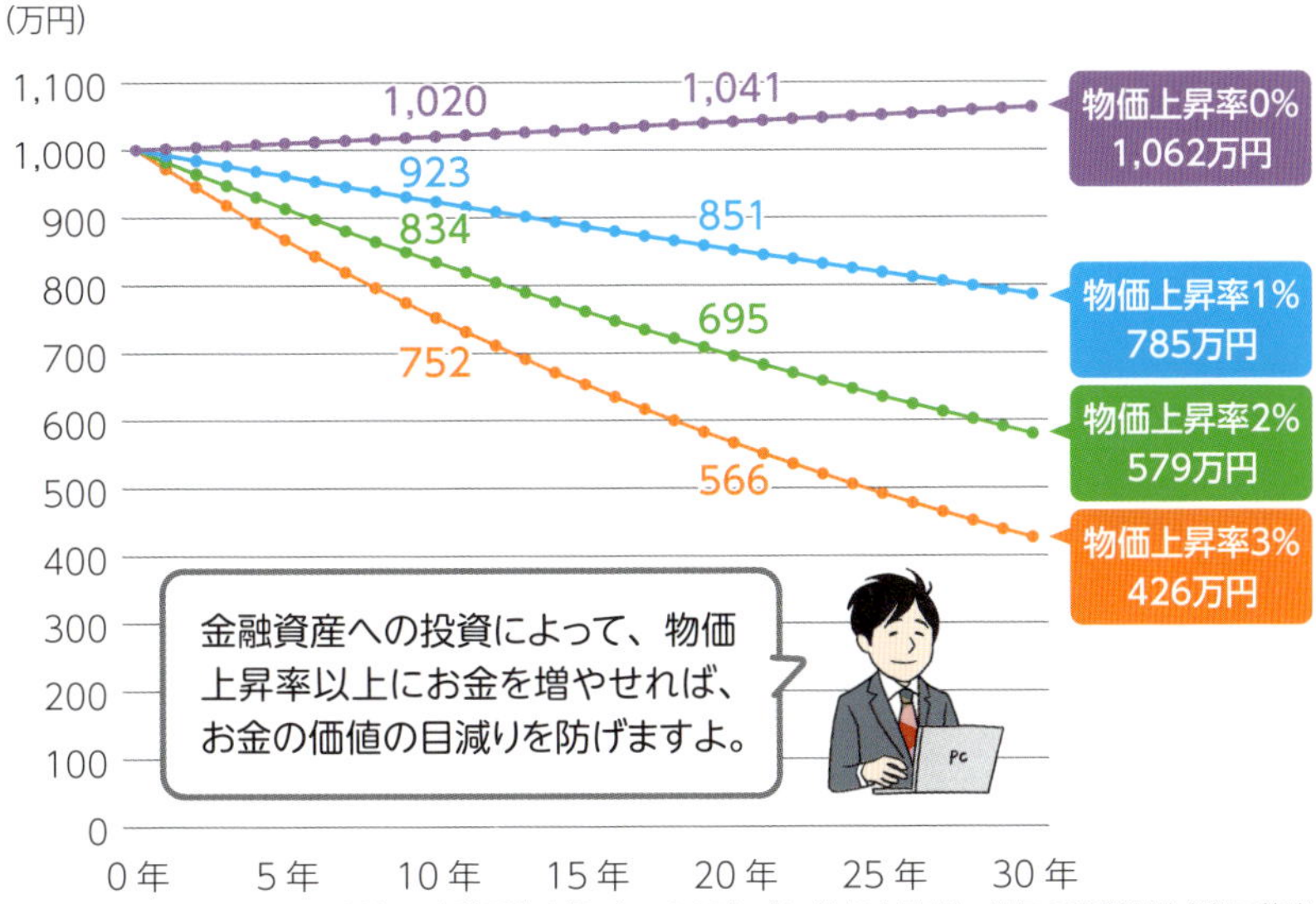

※前年の実質預貯金額×(1＋0.2%)×(1−物価上昇率)＝当年の実質預貯金額で算出

TOPIC
08

新NISAやiDeCoを徹底活用
長期・積立・分散投資で堅実に増やす！

値動きと付き合ってお金を増やす

投資をするにあたって活用すべき基本戦略は「長期・積立・分散投資」の3つです。

長期投資は、長い時間をかけて投資をすることです。短期投資は一時的な要因でお金が減るケースもありますが、**長期投資なら値動きがならされるうえに、利益が利益を生み出す複利効果も得られます。**

積立投資は、定期的に一定額ずつ投資をしていくことです。定期的にコツコツ投資をしていくと、**安いときにはたくさん買い、高いときには少ししか買わなくなるため、平均購入単価を下げることができます。**このことを「ドルコスト平均法」といいます。

15年以上の投資で負けなし!?

分散投資は、値動きの異なる資産に複数投資することです。『ウォール街のランダム・ウォーカー』（バートン・マルキール著、日本経済新聞出版）では、分散された株価指数の例として「S&P500」に15年以上投資した場合、1950～2020年のどの期間においても元本割れしないという分析結果を紹介しています。これは将来の結果を保証するものではありませんが、**「15年」がひとつの目安です。**

長期・積立・分散投資のすべてを簡単に実現できるのが新NISAやiDeCo。最大限活用して資産形成をしましょう。

Memo

金融庁「NISA早わかりガイドブック」では、1989年以降の期間で国内外の株式と債券に積立投資した場合、5年間では元本割れしている時期もありますが、20年間だと元本割れの時期がないと紹介されています。

長期・積立・分散投資で堅実に増やせる

積立投資で平均購入単価が下がる

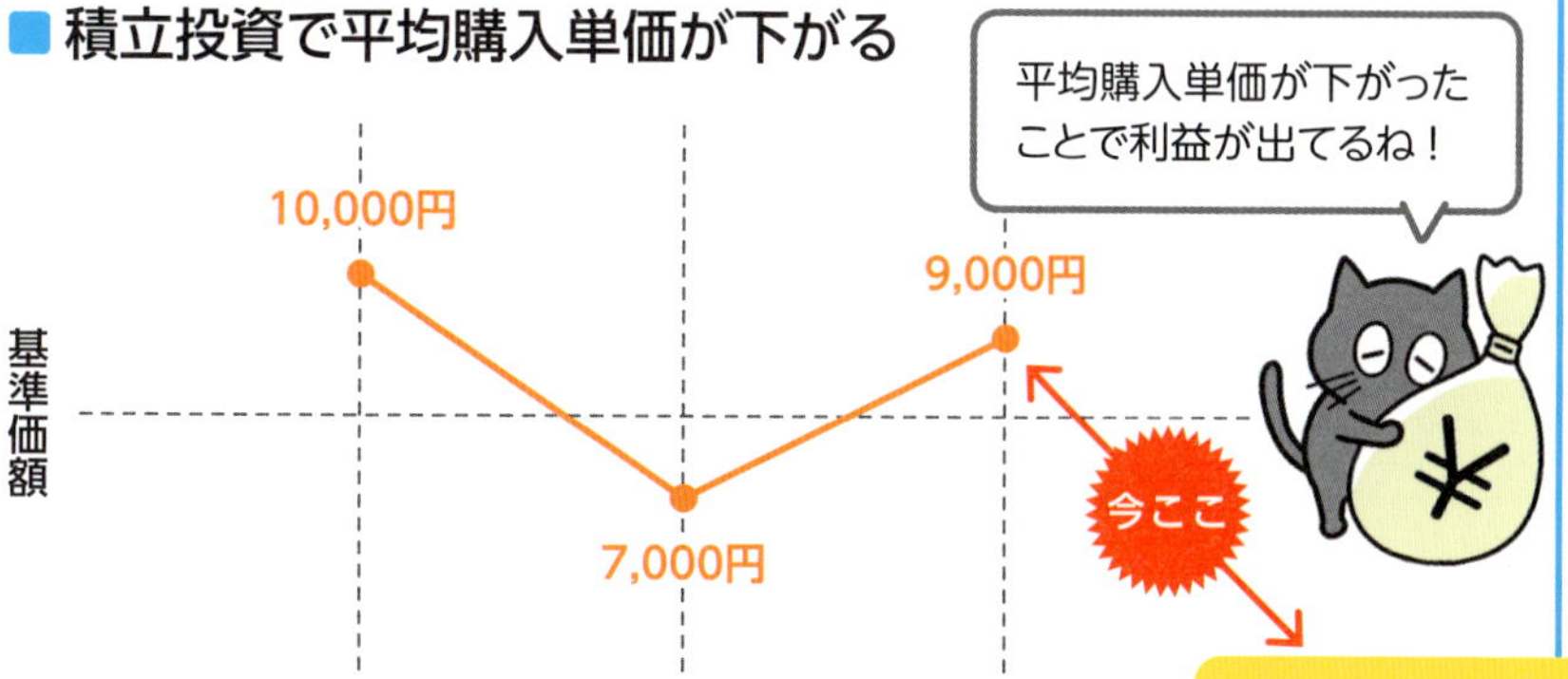
平均購入単価が下がったことで利益が出てるね！
基準価額
10,000円
7,000円
9,000円
今ここ

●毎月、「一定額」ずつ積み立てた場合【ドルコスト平均法】

購入数	1口	約1.428口	約1.111口
購入額	10,000円	10,000円	10,000円

購入数　約3.539口
平均購入単価
約8,476円
利益1,857円

●一括購入した場合

購入数	3口	0口	0口
購入額	30,000円	0円	0円

購入数　約3口
平均購入単価
10,000円
損失3,000円

長期・分散投資でリターンが安定

株式投資の投資期間と年平均リターンの散らばり方（1950年～2020年）

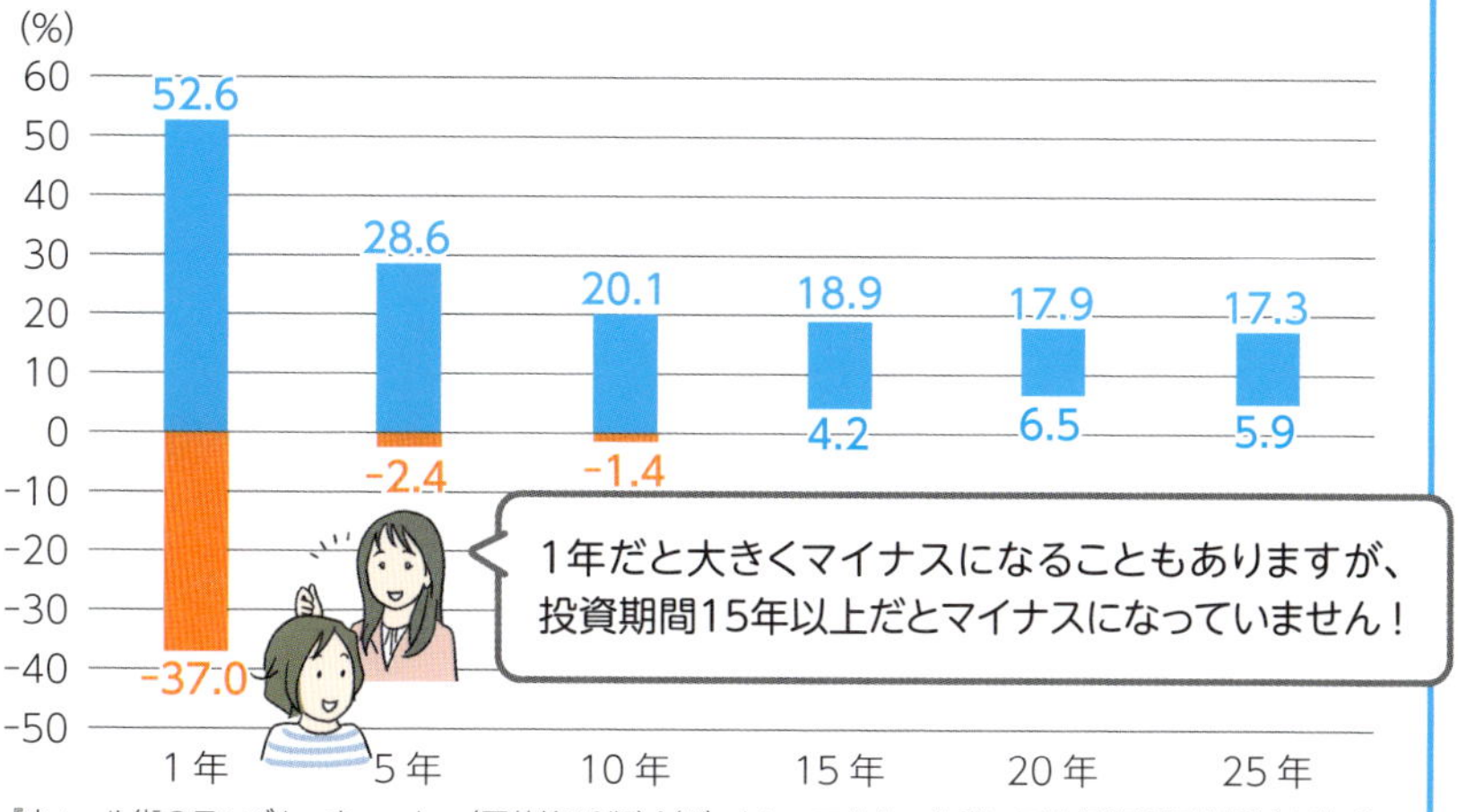
(%)
60
50
40
30
20
10
0
-10
-20
-30
-40
-50
52.6
-37.0
28.6
-2.4
20.1
-1.4
18.9
4.2
17.9
6.5
17.3
5.9
1年
5年
10年
15年
20年
25年
1年だと大きくマイナスになることもありますが、投資期間15年以上だとマイナスになっていません！

『ウォール街のランダム・ウォーカー〈原著第13版〉』（バートン・マルキール著、日本経済新聞出版）より作成

TOPIC 09

税金を減らしてお得に投資！

税金ゼロで効率的にお金を増やすNISA

非課税でお金を効率よく増やす

NISAは、投資で得た売却益・配当金・分配金にかかる税金が一生涯非課税になる制度です。 2024年に制度が改正されたことから「新NISA」と呼ばれています。新NISAでは、「つみたて投資枠」と「成長投資枠」の2つを利用して投資ができます。

お金を効率よく増やすためには、少しでも有利なところにお金を置くことが大切です。**新NISAを使えば利益に税金がかからない分、受け取ることができる金額が増えるため、お金をより効率的に増やすことができる**のです。

投資上限額が決まっている

新NISAで投資できる金額（生涯投資枠）は1人1800万円まで。 資産はいつでも売却して換金できます。売却の翌年には非課税投資枠が復活し、新たに非課税の投資をはじめられます。たとえば、元本100万円、利益50万円、合わせて150万円の資産を売却した場合、翌年に元本の100万円分の非課税投資枠が復活します。

なお、**1年間に非課税で投資できる金額はつみたて投資枠＋成長投資枠で360万円まで。** 非課税投資枠がいくら復活しても、年間投資上限額は変わりません。

Memo

つみたて投資枠と成長投資枠は、片方だけでもいいですし、併用して使うこともできます。つみたて投資枠だけで1,800万円投資することは可能ですが、成長投資枠で投資できる金額は1,200万円までとされています。

税金を減らせてお得な新NISA

NISAの２つの投資枠

	つみたて投資枠　併用可能	成長投資枠
対象年齢	18歳以上	
非課税期間	無期限	
年間非課税投資枠	120万円	240万円
生涯投資枠	1人あたり買付残高1,800万円（うち成長投資枠1,200万円）	
投資商品	国が定めた基準を満たす投資信託・ETF	上場株式・ETF・REIT・投資信託（レバレッジ型・毎月分配型除く）
投資方法	積立	一括・積立
資産引き出し	いつでもできる 売却した翌年に投資元本ベース（簿価残高方式）で枠復活	

2024年の改正によって、投資をするならまず活用したい制度になりました。

NISAの売却枠は復活する

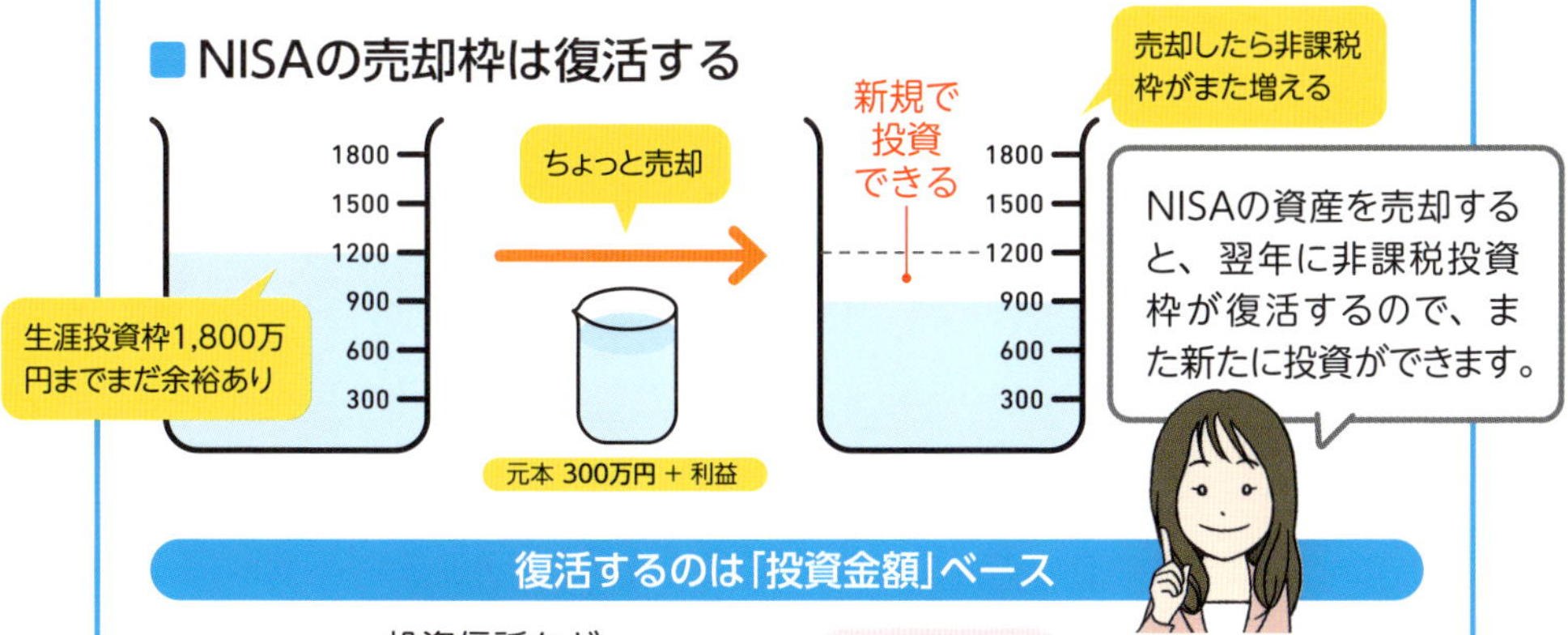
1800
1500
1200
900
600
300
生涯投資枠1,800万円までまだ余裕あり
ちょっと売却
元本 300万円 + 利益
新規で投資できる
売却したら非課税枠がまた増える
NISAの資産を売却すると、翌年に非課税投資枠が復活するので、また新たに投資ができます。

復活するのは「投資金額」ベース

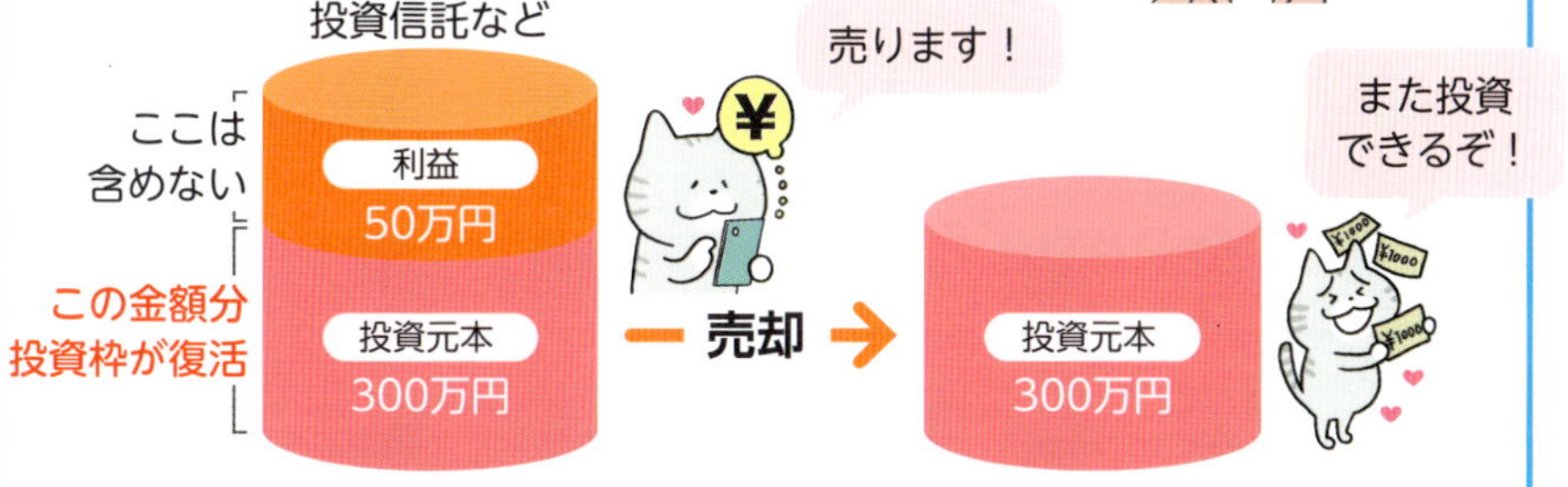
投資信託など
ここは含めない
利益
50万円
この金額分投資枠が復活
投資元本
300万円
売ります！
売却
投資元本
300万円
また投資できるぞ！

TOPIC 10

iDeCoで老後の「自分年金」をつくる！

投資するだけで毎年の所得税や住民税が安くなる

年金の上乗せ分をつくれるiDeCo

iDeCoは、毎月一定の掛金を支払って運用し、その成果を原則60歳以降に受け取る制度です。掛金の「拠出時」「運用時」「給付時」に税制優遇が受けられます。

特に大きいのが拠出時の税制優遇です。

掛金の上限は左図の通りですが、仮にiDeCoで月2万円（年24万円）の掛金を出した場合、所得税率10％（住民税率は一律10％）の人は所得税が年2・4万円、住民税が年2・4万円、合計4・8万円安くなります。これが15年間続くと、税金は合計72万円も安くなります。50～65歳の15年間だけでも大きな節税効果が得られるのです。50代は年収がもっとも高い時期でもあるので、積極的に活用しましょう。

障害給付金や死亡一時金ももらえる

iDeCoの資産は原則60歳までは引き出せません。確実に老後資金が用意できると考えれば、60歳まで引き出せないのはむしろ大きなメリットです。なお、60歳未満でも、加入者が病気やケガで高度障害状態となり、所定の受給条件を満たした場合は障害給付金が、加入者が亡くなった場合は死亡一時金が遺族に支給されます。

iDeCoの資産は75歳になるまでの間に受け取りを開始します。詳しい出口戦略はP166で紹介します。

Memo

iDeCoは加入時の口座開設手数料（2,829円）と、運用中の手数料（171円※毎月掛金を拠出した場合）がかかります。加えて、月数百円程度の運営管理手数料がかかることも。運営管理手数料を無料にしている金融機関を選ぶのがベターです。

3つの税制優遇が得られるiDeCo

iDeCoの3つの税制優遇

特に大きいのが掛金の全額所得控除。毎年の所得税や住民税の負担を減らせます。

掛金が全額所得控除→所得税・住民税が安くなる
メリット1
拠出
毎月拠出する
¥
¥
運用益非課税
→効率よくお金が増やせる
メリット2
運用
メリット3
給付
受け取るときにも控除
→税金の負担が減る
積立期間
受取開始期間
厚生年金加入者または任意加入者は65歳未満、
それ以外は60歳未満まで
60〜75歳

※令和7年度税制改正大綱にiDeCo加入年齢を65歳未満から70歳未満に引き上げる案が盛り込まれました。

iDeCoの掛金上限額は人により原則異なる

自営業者・フリーランス・学生
(国民年金第1号被保険者)
月額 68,000円
年額 816,000円

最低5,000円から
1,000円単位で
積立可能！

公務員
(国民年金第2号被保険者)
月額 20,000円
年額 240,000円

会社員
(国民年金第2号被保険者)

企業年金なし
月額 23,000円
年額 276,000円

企業年金あり
月額 20,000円
年額 240,000円

企業型年金制度加入者や
公務員は毎月定額拠出のみ

専業主婦(主夫)
(国民年金第3号被保険者)
月額 23,000円
年額 276,000円

※令和7年度税制改正大綱にiDeCoの掛金上限額増が盛り込まれました。
自営業者・フリーランス・学生7.5万円、会社員6.2万円、公務員5.4万円(いずれも月額)となる見込み。

Column

医療費・介護費が高額になったときに使える制度

1カ月の医療費・介護費が高額なときは、「高額療養費制度」や「高額介護サービス費」によって自己負担限度額を超えた分の払い戻しが受けられます。また、1年間にかかった医療費・介護費の自己負担額の合計額が上限を超えた場合、その超えた金額を受け取れる「高額医療・高額介護合算制度」もあります。自己負担限度額は、年収(所得)により異なります。

●高額療養費制度の負担上限額(2025年1月時点※)

70歳未満

区分	負担割合	自己負担限度額	多数回該当
年収約1,160万円〜 健保:標準報酬月額83万円以上/国保:所得901万円超	3割	252,600円+ (総医療費-842,000円)×1%	140,100円
年収約770万円〜約1,160万円 健保:標準報酬月額53万円〜79万円/国保:所得600万〜901万円		167,400円+ (総医療費-558,000円)×1%	93,000円
年収約370万円〜約770万円 健保:標準報酬月額28万円〜50万円　国保:所得210万〜600万円		80,100円+ (総医療費-267,000円)×1%	44,400円
年収〜約370万円 健保:標準報酬月額26万円以下　国保:所得210万円以下		57,600円	44,400円
住民税非課税世帯		35,400円	24,600円

70歳以上

適用区分		負担割合	ひと月の上限額 外来(個人ごと)	(世帯ごと)
現役並み	**年収約1,160万円〜** 標報83万円以上/課税所得690万円以上	3割	252,600円(医療費-842,000円)×1%(多数回該当 140,100円)	
	年収約770万円〜約1,160万円 標報53万円以上/課税所得380万円以上		167,400円(医療費-558,000円)×1%(多数回該当 93,000円)	
	年収約370万円〜約770万円 標報28万円以上/課税所得145万円以上		80,100円(総医療費-267,000円)×1%(多数回該当 44,400円)	
一般	**年収156万円〜約370万円** 標報26万円以下/課税所得145万円未満等	70〜74歳 2割 75歳以上 1割	18,000円 (年144,000円)	57,600円 (多数回該当44,400円)
住民税非課税等	Ⅱ **住民税非課税世帯**		8,000円	24,600円
	Ⅰ **住民税非課税世帯**(年金収入80万円以下など)			15,000円

●高額介護サービス費の負担上限額

区分	負担の上限額(月額)
課税所得690万円(年収約1,160万円)以上	140,100円(世帯)
課税所得380万円(年収約770万円)〜 **課税所得690万円**(年収約1,160万円)未満	93,000円(世帯)
住民税課税〜 課税所得380万円(年収約770万円)未満	44,400円(世帯)
世帯全員が住民税非課税	24,600円(世帯)
前年の公的年金等収入金額+その他の合計所得金額の合計が80万円以下	24,600円(世帯) 15,000円(個人)
生活保護を受給している方等	15,000円(世帯)

●高額医療・高額介護合算制度の負担上限額

区分	70歳以上の世帯	70歳未満の世帯
年収約1,160万円以上	212万円	212万円
年収約770万円〜約1,160万円	141万円	141万円
年収約370万円〜約770万円	67万円	67万円
年収約370万円以下	56万円	60万円
住民税非課税世帯	31万円	34万円
住民税非課税世帯で年金収入80万円以下など、一定基準に満たない方	19万円	

※高額療養費制度は2025年8月に限度額が引き上げられる予定。

第2章

お金がたくさんあれば幸せになれる?

本書では、幸せになるためのお金の上手な貯め方・減らし方を解説しています。そこで考えたいのは、「幸せ」とはなにかということ。本章では、幸せとお金の関係、長続きする幸せとしない幸せ、後悔しない人生をおくるためのツール「タイムバケット」などについて説明し、幸福度を上げるポイントを紹介していきます。

自分の「幸福はなにか」を考えよう

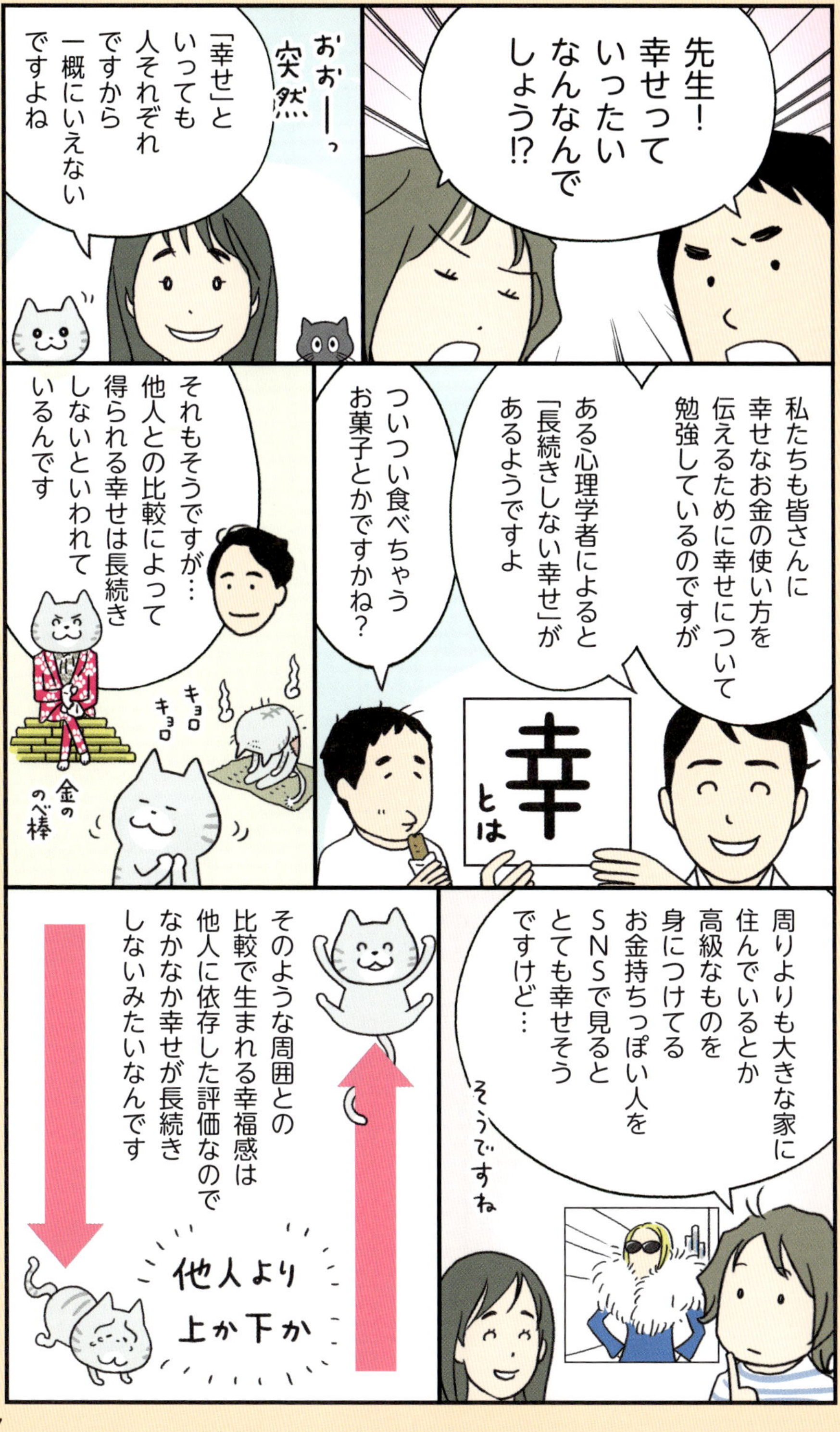
先生！
幸せって
いったい
なんなんで
しょう⁉
おぉーっ
突然
「幸せ」と
いっても
人それぞれ
ですから
一概にいえない
ですよね
私たちも皆さんに
幸せなお金の使い方を
伝えるために幸せについて
勉強しているのですが
ある心理学者によると
「長続きしない幸せ」が
あるようですよ
幸
とは
ついつい食べちゃう
お菓子とかですかね？
それもそうですが…
他人との比較によって
得られる幸せは長続き
しないといわれて
いるんです
キョロ
キョロ
金ののべ棒
周りよりも大きな家に
住んでいるとか
高級なものを
身につけてる
お金持ちっぽい人を
SNSで見ると
とても幸せそう
ですけど…
そうですね
そのような周囲との
比較で生まれる幸福感は
他人に依存した評価なので
なかなか幸せが長続き
しないみたいなんです
他人より
上か下か

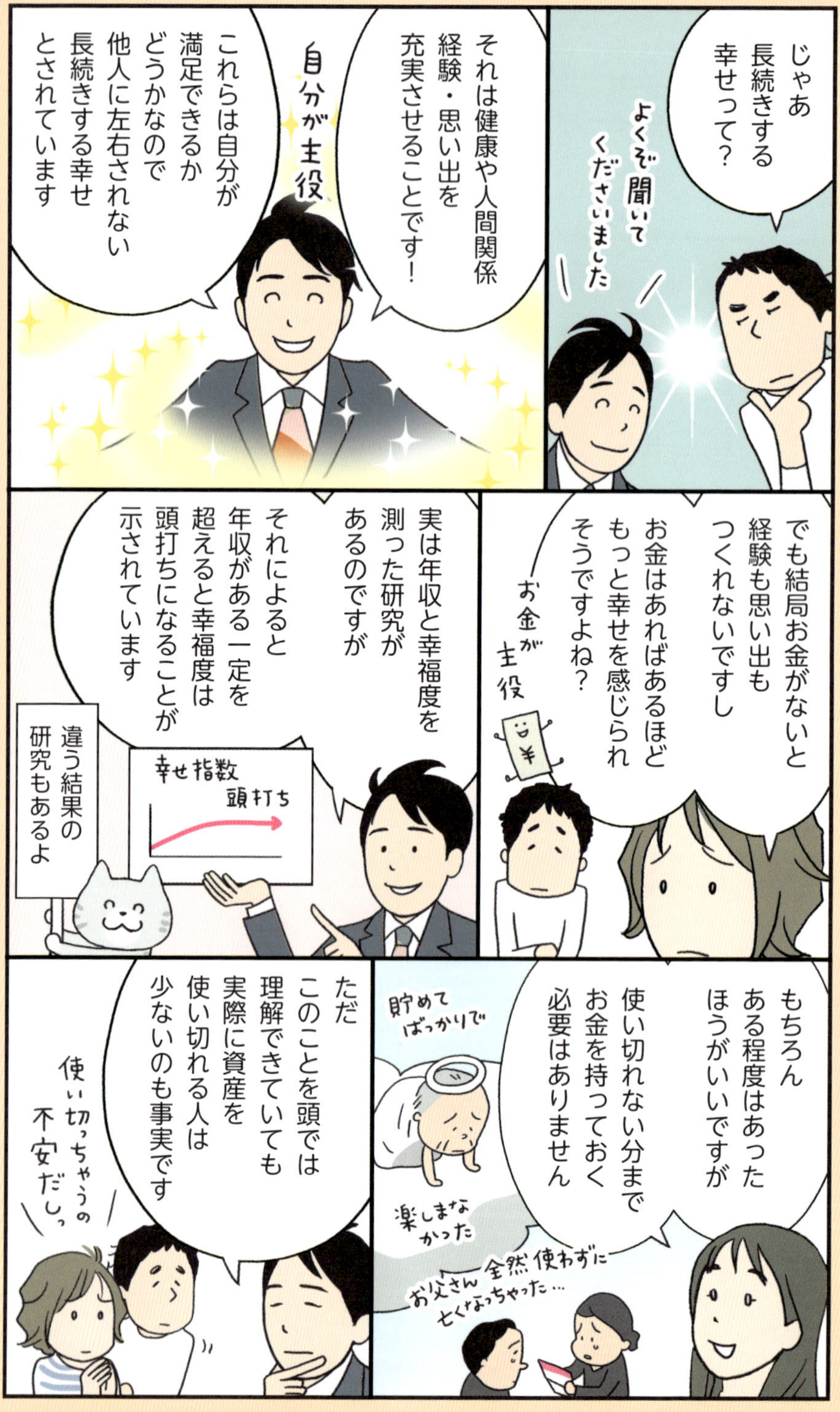

じゃあ長続きする幸せって？
よくぞ聞いてくださいました
それは健康や人間関係経験・思い出を充実させることです！
自分が主役
これらは自分が満足できるかどうかなので他人に左右されない長続きする幸せとされています
でも結局お金がないと経験も思い出もつくれないですし お金はあればあるほどもっと幸せを感じられそうですよね？
お金が主役
実は年収と幸福度を測った研究があるのですが それによると年収がある一定を超えると幸福度は頭打ちになることが示されています
幸せ指数
頭打ち
違う結果の研究もあるよ
もちろんある程度はあったほうがいいですが 使い切れない分までお金を持っておく必要はありません
貯めてばっかりで
楽しまなかった
お父さん全然使わずに亡くなっちゃった…
ただこのことを頭では理解できていても実際に資産を使い切れる人は少ないのも事実です
使い切っちゃうの不安だしっ

いざ死ぬまでに「使い切りましょう」といわれてもなぁ…
寿命がわかれば計画的に使えるけど…
だからこそ自分のモノサシで考えた『足るを知る』ことで他人に左右されない幸福につながるんですよ
自分のモノサシがわからない〜！
あーん
大丈夫！タイムバケットをつくれば簡単に整理できますよ！
書いてー
タイムバケット？
ザーーッ
それぞれの年代別にやりたいことを記入
たとえば
30 — 40 — 50 — 60 — 70歳以降
年齢ごとのやりたいことリストみたいなものですね
これがあれば「いつ」「なにが」必要か自分だけの指標をつくれます
「死ぬまでにやりたい100のこと」を年代別に分けるカンジ？
タイムバケットについては74ページを見てね

TOPIC 01

お金はたくさんあればあるほど幸せなはず!?

年収と幸福度には関係がある

年収が増えると幸福度も上がる?

お金を使うためにはお金が必要です。ただ、お金は「あればあるほど幸せ」とは限りません。ダニエル・カーネマン氏らの2010年の論文には、年収が6万～9万ドルになるまでは幸福度は上昇するものの、その後は頭打ちになると示されています。つまり、**幸福度は年収に比例しないのです。**

この傾向は日本でも同様で、内閣府の調査によると幸福度(総合主観満足度)は世帯年収が2000万～3000万円までならば比例して上昇するものの、それ以上に年収が上がっても幸福度は緩やかに減少していくことが示されています。

もともとの幸福度の高さが重要

しかし、カーネマンが2023年に発表した同様の研究では「年収が7・5万ドル以上になっても、幸福度は伸び続ける」という結論が出ています。正確には、幸福度が低いグループでは年収が増えても幸福度は頭打ちになり、高いグループは年収と幸福度が比例するという結論です。

もともと幸福度が高い人は「お金はあればあるほど幸せ」と感じ、低い人は「お金がたくさんあっても幸せは頭打ち」と感じるということです。年収が幸福度に影響を及ぼすのも事実ですが、もとの幸福度の高さも非常に重要なのです。

用語解説

ダニエル・カーネマン:米国の心理学者・経済学者。経済学に心理学を結びつけた「行動経済学」の創始者として知られ、人は損失を回避する傾向があることなどを示した「プロスペクト理論」が有名。2002年にはノーベル経済学賞を受賞。

年収と幸福度の関係は?

■幸福度は年収に比例しない?

年収と幸福度の関係

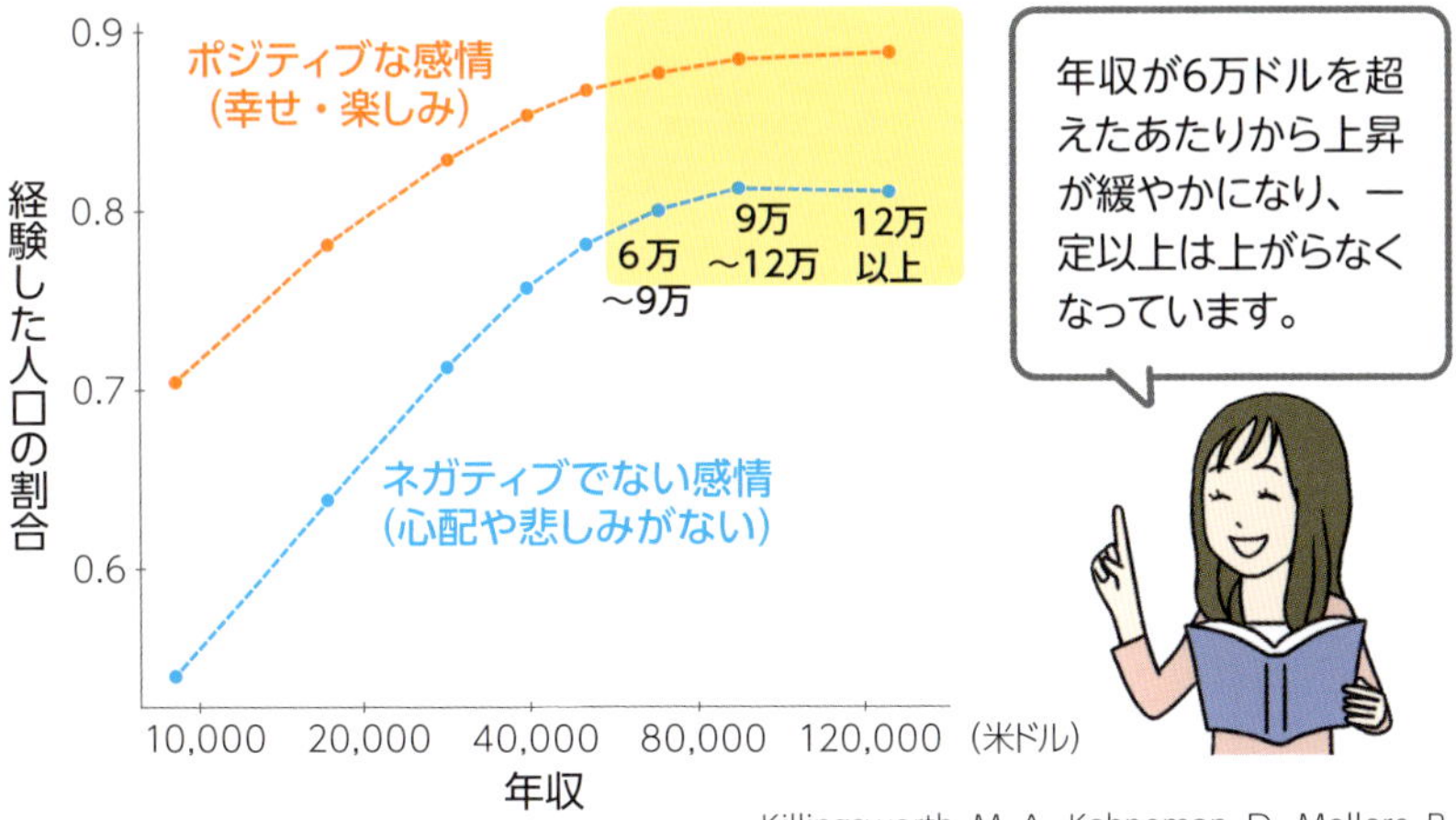

Killingsworth, M. A., Kahneman, D., Mellers, B.
"Income and emotional well-being: A conflict resolved" (2023)より作成

■日本でも同様の結果が…

世帯年収別の総合主観満足度

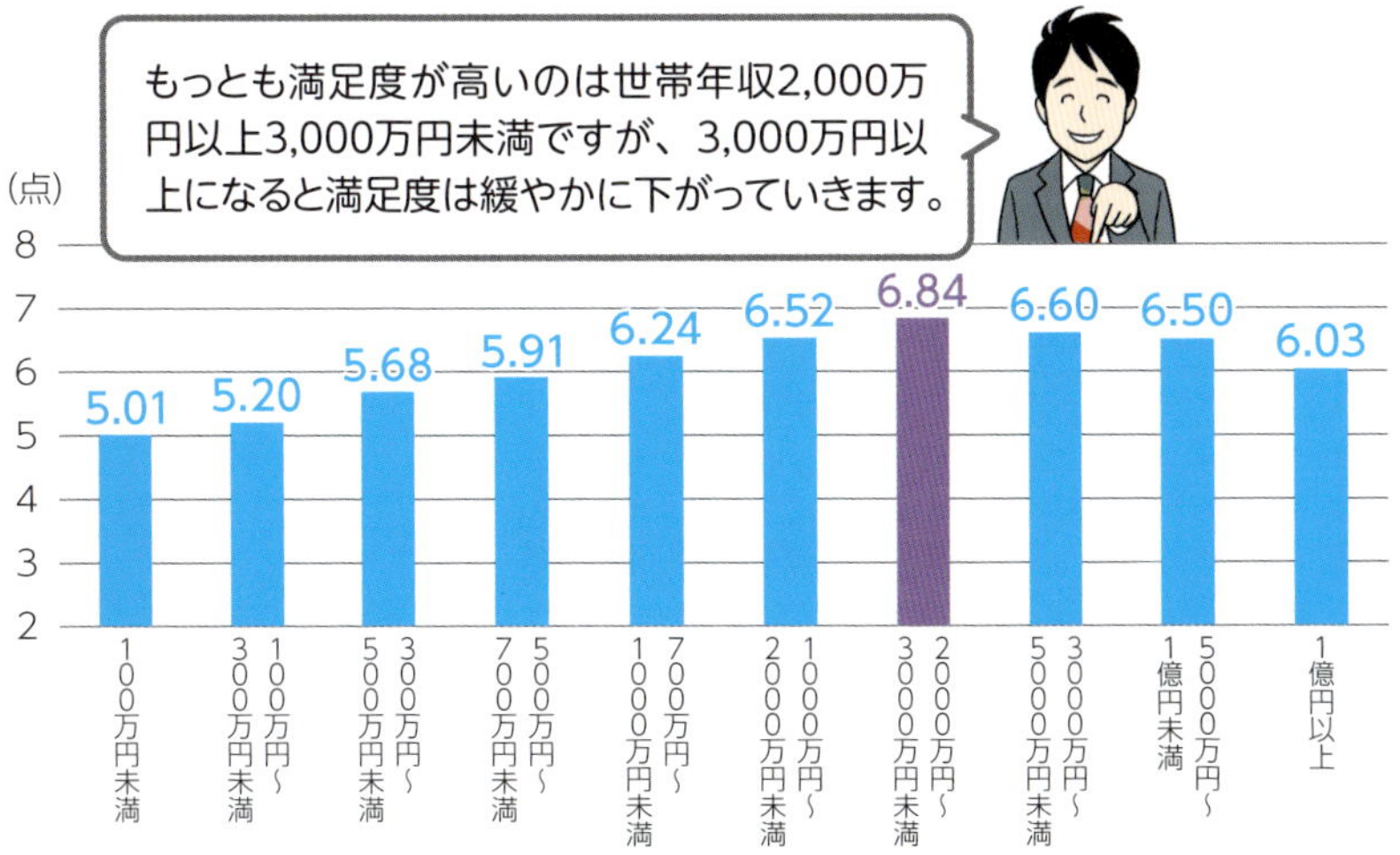

内閣府「『満足度・生活の質に関する調査』に関する第1次報告書」(2019年)より作成

TOPIC 02

欲求が満たされるほど幸福度は増す

周りと比べて年収が高いと幸せ？

人間には5つの欲求がある

年収が増えると幸福度が増す理由は、単純に生活水準が向上するからです。心理学者のマズロー氏が提唱した「欲求5段階説」では、人間の欲求を5段階に分けています。そして、下位の欲求が満たされると、1段階上の欲求を満たしたいと考えて行動をするようになるとしています。

収入が低いと、生命の維持や安全の確保ができない可能性があります。収入が上がり、これらの欲求が満たされて生活水準も上がり、幸福度も増すのです。しかし、**収入が高くても上の段階の欲求が満たせないと、幸福度は上がっていきません。**

他人との比較でも幸福度は変わる

仮に年収が100万円アップすれば、生理的欲求や安全の欲求が満たされ、幸福度は増すはずです。しかし、周りの人の年収も同じように上がっていた場合、幸福度は低下します。なぜなら、**幸福度は他人との比較でも変わる**からです。

他人よりも多く稼いでいたり、生活水準が高かったりすると幸福度は増します。マズローの欲求でいえば、「承認欲求」は幸福度に大きく影響するのかもしれません。ハイブランドの商品を購入する**「見栄消費」も他人と比べて優越感を感じたいという行動の表れです。**

Memo

マズローは5段階の欲求の上に「自己超越の欲求」を加えました。自己超越の欲求とは「世の中を変えたい」「世界を幸せにしたい」など、自分だけでなく他人も大切にしたいという欲求のこと。寄付などは自己超越の欲求だといえます。

幸福度を決める要因は？

マズローの「欲求5段階説」

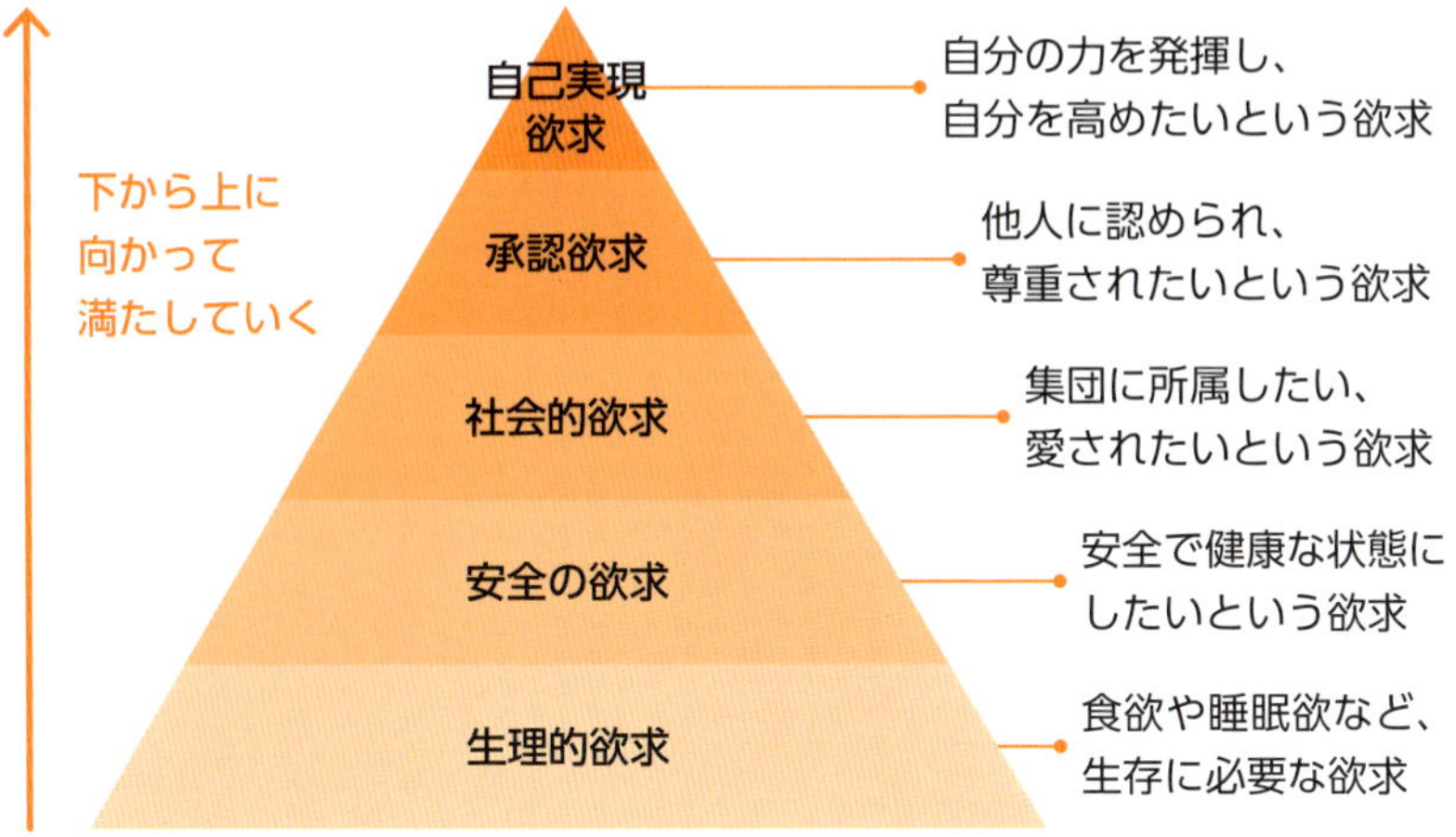
下から上に
向かって
満たしていく
自己実現
欲求
自分の力を発揮し、
自分を高めたいという欲求
承認欲求
他人に認められ、
尊重されたいという欲求
社会的欲求
集団に所属したい、
愛されたいという欲求
安全の欲求
安全で健康な状態に
したいという欲求
生理的欲求
食欲や睡眠欲など、
生存に必要な欲求

生理的欲求や安全の欲求はお金である程度満たせますが、それ以上になると、お金だけでは解決しません。より上の欲求が満たされると幸福度がアップすると考えられます。

幸福度は他人との比較でも変わる

年収100万円
UPした――!!
私と同じ
年収だね

年収が100万円上がったら幸せなはずだが、ほかにも100万円上がった人がいると、比較することで幸福度がダウン

この例は少々極端だけど、人と比較して嬉しい(悲しい)という経験をしたことがある人は多いはず！

TOPIC 03

みんなの生活が豊かになる＝自分の幸せではない

他人との比較で感じる幸せは長続きしない

GDPの上昇と幸福度の関係はない

日本は戦後、急速に経済発展を遂げました。途中、オイルショックやバブル崩壊といった出来事はありますが、1990年ごろまで、国の実質GDPは右肩上がりで成長してきました。1990年以降はその成長もやや鈍化しますが、それでも経済的には豊かになったといえるでしょう。

しかし、それで生活満足度が上昇したかといえば、そうではないのが事実です。内閣府の調査（左図参照）によると、実質GDPはたしかに増加しているのですが、**日本人の生活満足度はまったくといっていいほど増加していません。**

自分にとっての幸せを探そう

人は、他人との比較で幸せと感じる傾向があります。しかし、P62で紹介した年収の話のように、**他人との比較による幸せは長続きしませんし、人と比べることで幸福度が下がることもあります。**

長続きしない幸せを目指すのは、人生の時間の無駄です。健康維持や家族・友人との関係性、趣味など、なにを幸せと感じるかは人それぞれです。**お金以外に幸せと感じさせるものがある**ことを理解し、まずは、自分にとっての幸せをみつけましょう。そして、**それを充実させるのが長続きする幸せにつながっていきます。**

用語解説

GDP（国内総生産）：Gross Domestic Productの略で、一定期間内に国内で生み出されたものやサービスの付加価値の合計のこと。付加価値を単に合計したものを「名目GDP」、物価の変動を考慮したものを「実質GDP」という。

GDPが増えても生活満足度は上がらない

GDPの伸びと生活満足度は比例しない

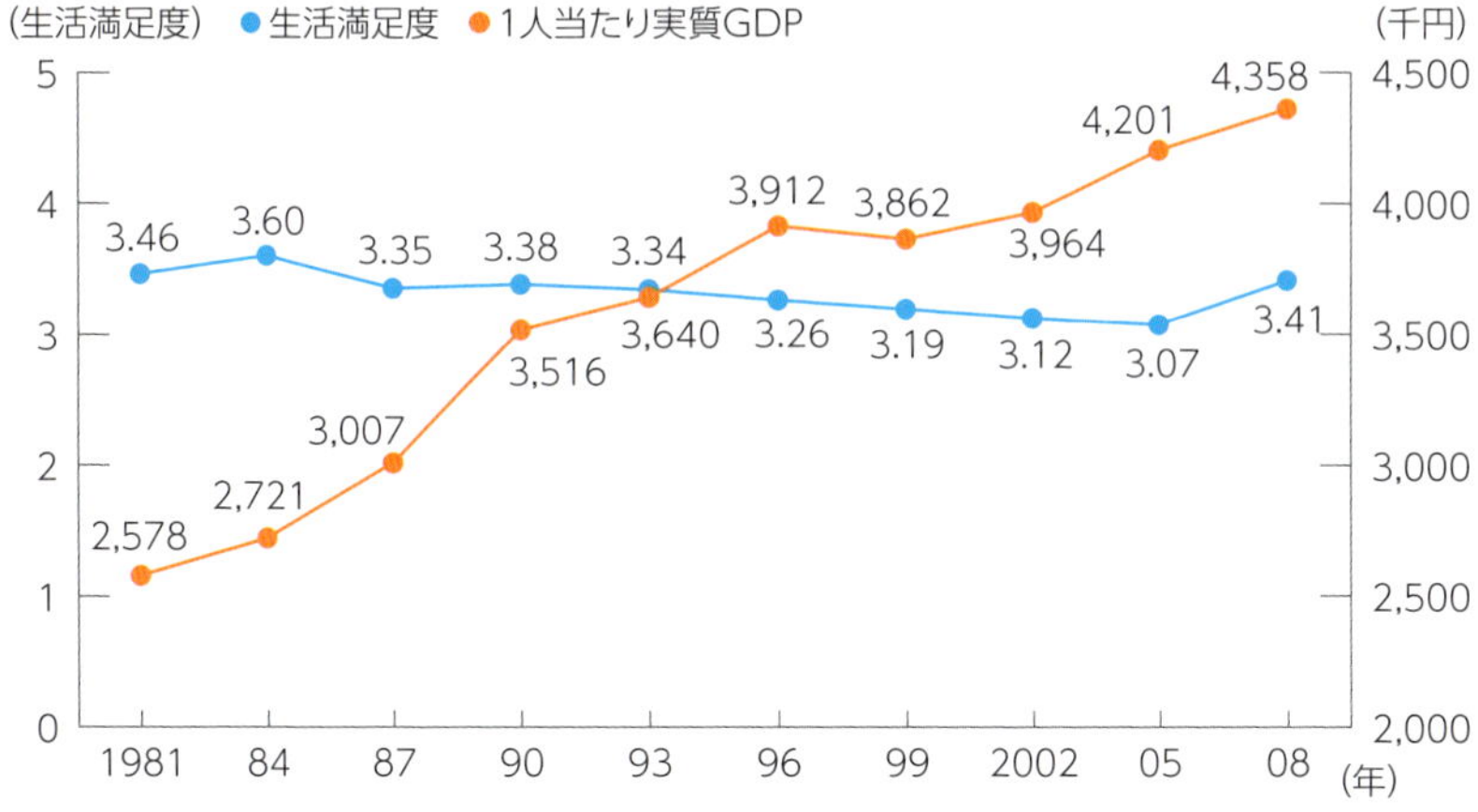

内閣府「平成20年度国民生活選好度調査結果の概要」より作成

日本人はいくら経済的に豊かになったとはいっても、幸せにはなっていないのです。

実質GDPは右肩上がりなのに、生活満足度は上がっていませんね…。

幸せのかたちは人それぞれ

いつまでも健康ですごしたい！

みんなで仲良く暮らしたい！

仕事を通じて自己実現したい！

他人と比較することで得る幸せは長続きしません。自分なりの幸せを見つけて、それを達成することで幸せは長続きします。

TOPIC 04

幸せには地位財と非地位財という考え方がある

長続きする幸せと長続きしない幸せ

他人との比較で幸福感を得る地位財

人間の幸福に関わってくる要因は「地位財」と「非地位財」に分けることができます。英国ニューカッスル大学の心理学者、ダニエル・ネトル氏の提唱した概念です。

地位財とは、他人など周りとの比較によって幸福感を得るもののことです。他人よりお金をたくさん持っている、社会的な地位が高い、高級な家や車を持っているということが幸福感につながります。

資本主義社会のなかでは、いかに地位財を増やすかに意識が向きがちです。しかし、**地位財による幸福は長続きしないという欠点があります。**

自分のなかで幸福感を得る非地位財

一方の**非地位財は、他人など周りとの比較とは関係なしに幸福感が得られるもののことです。**健康や体力、自主性、社会への帰属意識、自由や平等、愛情などがあてはまり、物質的なものは含まれません。

非地位財による幸福は、地位財とは違って長続きします。他人が持っているかどうかも関係なく、自分が持っていることで幸福かどうかを判断します。

地位財と非地位財のどちらも人生には必要なものですが、**人生の幸福度を高めるためには、非地位財を手に入れたほうがよいのです。**

Memo

新しい服を買うと、その時点は嬉しいかもしれませんが、1年も経てばその嬉しさは減っているはずですし、また新しい服がほしいと思っているかもしれません。その点、「今も1年後も健康であること」による幸福は長続きします。

地位財と非地位財

地位財と非地位財はどう違う？

地位財

周囲と比較した幸せ

- 所得
- 社会的地位
- ブランド品、家、車などの「もの」

非地位財

他人とは無関係な幸せ

- 健康
- 社会とのつながり
- 自由
- 愛情
- 安心
- 心地よい環境

短い ← 幸せの持続性 → 長い

例）

幸福度
高い
ママ ありがとー
ほしかったんだー
幸福度
低い
…
新しいの
ほしいなー
健康だから
何でもできる！
幸福度
高い
1年間の健康に
感謝！
1年後も
幸福度が
高い

幸福度が長続きするのは地位財ではなく非地位財なので、非地位財を手に入れることも考えるのが大切です！

TOPIC 05

健康に投資して人生を長く楽しむ

幸福度を高める重要な要因①「健康」

世界中誰でも「健康」が大切

人生の幸福度を高めるためにもっとも重要なものは「健康」。なんとなくみなさんも想像できるのではないでしょうか。

マーケティング会社のイプソスが30カ国を対象におこなった調査によると、もっとも大きな幸福をもたらすものの**ランキングの1位・2位が「身体的な健康とウェルビーイング」「精神的な健康とウェルビーイング」となっています。**

また、健康診断の結果よりも**「自分は健康だと思っていること」が幸福度に強く作用すること**も知られています。たしかに「中性脂肪が多い」という結果に対し、「このくらい大丈夫」と思っていれば幸せで、「標準を超えてしまったから大変」と思っていると幸せに感じないかもしれません。

健康に投資しよう

健康ほど経験を楽しむ能力に影響するものはありません。若いうちから健康に投資しましょう。不規則な生活習慣を正し、多少、出費がかさんでも健康的な食事をとり、適度な運動を心がけることが大切です。健康診断も定期的に受けましょう。

健康であれば重い病気も予防でき、生涯医療費も抑えられます。そしてなにより**さまざまな経験をする時間を長くすることができ、人生が豊かになります。**

Memo

happiness(ハピネス)は一般的に「幸せ」と訳されますが「感情的で一瞬しか続かない短い幸せ」を指します。well-being(ウェルビーイング)は「身体的、精神的、社会的に良好な状態」「持続する幸せ」を指します。

人生の幸福度を高める「健康」

もっとも大きな幸福をもたらすものは？

順位	もっとも大きな幸福をもたらすもの	割合
1	身体的な健康とウェルビーイング	54%
2	精神的な健康とウェルビーイング	53%
3	パートナー・配偶者との関係	49%
	自分の人生に意義を感じる	
5	自分の子供	48%
6	生活環境	47%
7	自分自身の安全と安心	46%
8	人生をコントロールできていると感じるか	44%
9	自然の中に身を置くこと	43%
10	有意義な仕事・雇用があること	42%
	より多くのお金があること	

Ipsos“Global Happiness 2022”より作成

10位の仕事やお金以外は非地位財なのも面白いですね！

身体的・精神的な健康をあげる人の割合が多いですね。

健康に投資しよう

「一無・二少・三多」の実践数とメタボの割合

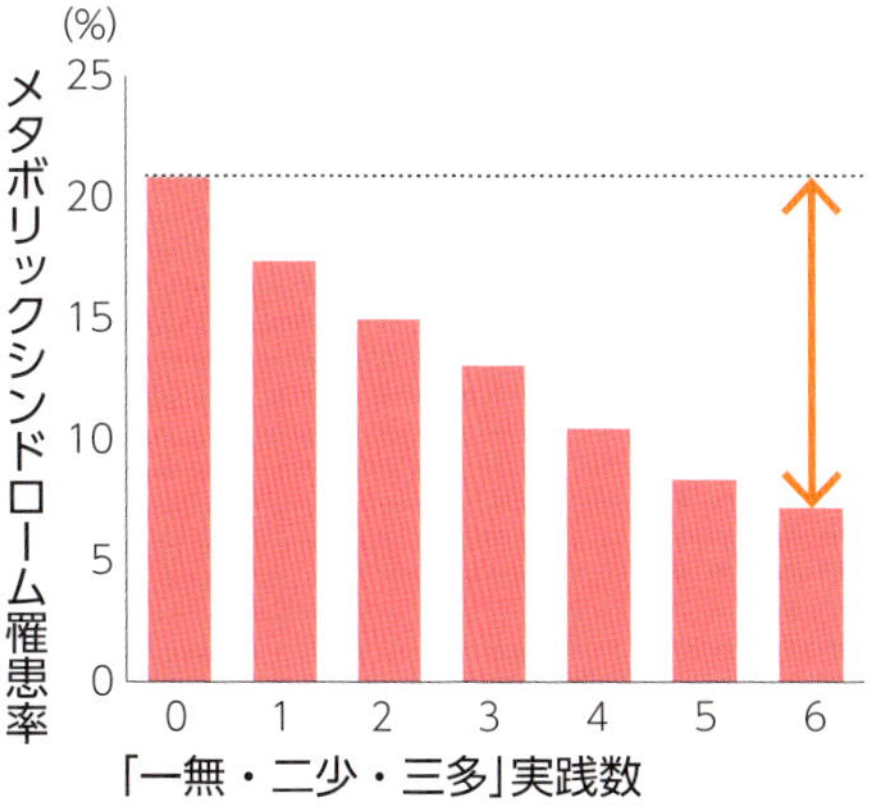

“2007 Asian Oceanian Association for the Study of Obesity”より作成

一無は喫煙しないこと、二少は少食・少酒、三多は体をよく動かし、よく休み、多くの人やものに触れることだよ！

健康的な生活習慣をひとつ増やすごとに罹患率が2～3%下がっています！

TOPIC 06

幸福度を高める重要な要因②「人間関係」

人間関係を見直し、幸福度をアップ！

人間関係がよければ人は幸せ

健康で幸せな生活をおくるには、よい人間関係が必要です。米ハーバード大学が1938年から続けている「ハーバード成人発達研究」では、2000人以上の幼年期から老年期までの生活状況や健康を調査し、**50歳のときの人間関係の満足度が高い人ほど、精神的にも肉体的にも健康な80歳を迎えている**ことを示唆しています。

さらには、パートナーや家族、友達、職場での人間関係などにおいて、**相手に好奇心や注意、気配りを欠かさないようにする**ことで、今からでも幸せになれるということも、結論づけています。

家族と職場の人間関係を高めよう

リクルートワークス研究所の調査結果によると、日本人の人間関係は家族と職場に集中しています。そして、**人とのつながりが多いほど幸せを感じている割合が多く**、突然会社を辞めることになっても希望の仕事につけると感じている人が多いと紹介しています。

もちろん、**人間関係の質も重要です。**人とのつながりを深めるために、たとえば一緒に出かけてみるなど、**人間関係の向上に役立つことにお金を使う**ことで、家族や友人、職場の仲間との人間関係をともに深めることが理想です。

Memo

幸せとはなにか？　幸福度はどう測れるのか？　所得が多いとどれだけ幸せになれるのか？　といったことを研究する「幸福の経済学」が世界中でおこなわれています。ここまで紹介してきた研究結果もそのひとつです。

人とのつながりが幸福感に直結する

■人間関係をよくするには?

あの人と仲良くしたいな。

自分

1 相手に今まで以上に注意を向ける
相手のことを気にして、感謝を伝える

2 1日のすごし方を少し変える
定期的に会う、話をする　など

3 相手への好奇心を忘れない
相手に興味を持ち、話を聞く

あの人は自分のこと大事にしてくれているな。

人間関係を深めたい相手

相手を尊重して敬意を払うことで、人間関係はこれからでもよくできます!

■人とのつながりが幸福度や次のキャリアにつながる

「幸せ」を感じている割合

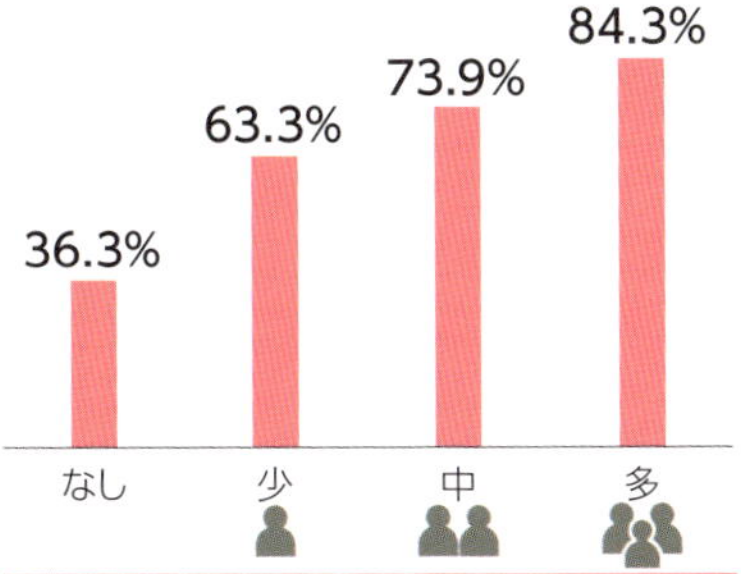

「突然仕事を辞めることになっても、希望の仕事につける」と感じている割合

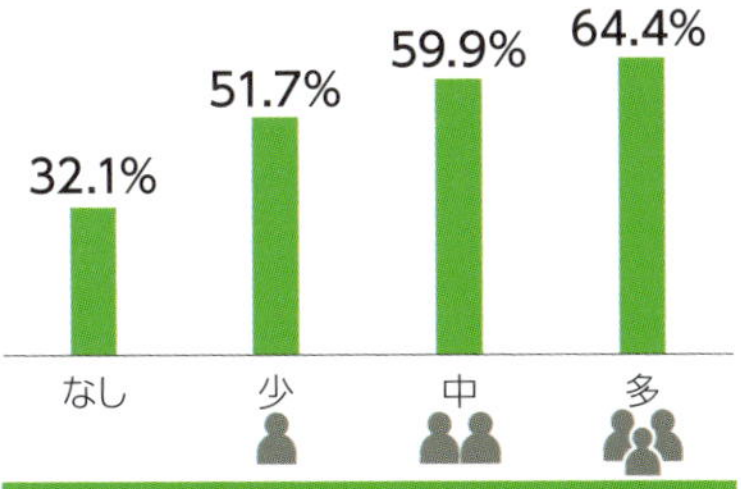

リクルートワークス研究所「マルチリレーション社会」より作成

希望の仕事につけると感じている人が多いのも、幸福度が高くてポジティブに考える人が多いからでしょう。

人とのつながりが多いほど幸福度が高いんですね。

TOPIC 07

幸福度を高める重要な要因③「趣味・文化」

「多趣味」は幸福度を高めてくれる

趣味を見つけて取り組もう

無趣味な人は、意外と多いようです。100年生活者研究所によると、今幸せだと答えた人の半数以上が「明確に『趣味』と答えられるものはない」と回答しています。

しかし、これにはカラクリがあります。趣味とはいえないまでも、好きなこと・続けていること(隠れ趣味)のある人の割合は、実に86・5%にものぼるのです。

同調査によると、隠れ趣味は多いほどよく、4~6個ある人がもっとも幸せとのこと。ですから、**無趣味でいるよりも生涯にわたって楽しめる趣味をみつけたほうが人生も充実する**でしょう。

文化に触れることも幸福度を高める

京都大学こころの未来研究センター(当時)の調査によると、1年以内に文化芸術の鑑賞をした人や、実際に創作活動や演奏活動などをした人は、しなかった人に比べて幸福度に関わる指標がいずれも高かったとのこと。特にユーダイモニアと呼ばれる、**人生の意義や生きがいを感じる指標に大きな差が生じる**ことがわかったそうです。

趣味だけではなく、コンサートや美術館、映画、歴史的な文化財といった**文化的・芸術的なものに触れる機会にお金を使ってみる**ことも、人生の幸福度を上げる要因のひとつとなるでしょう。

Memo

博報堂「生活定点1992-2022」によると、1年を通じて楽しめる趣味がある人は1998年の60.2%から減少し2022年には49.5%に。生涯楽しめる趣味がある人も47.9%から33.8%に減少。趣味と呼べるものを早めに見つけましょう!

趣味も幸福度を高めてくれる要因になる

■趣味のある人は少ない？

Q あなたの趣味を教えてください

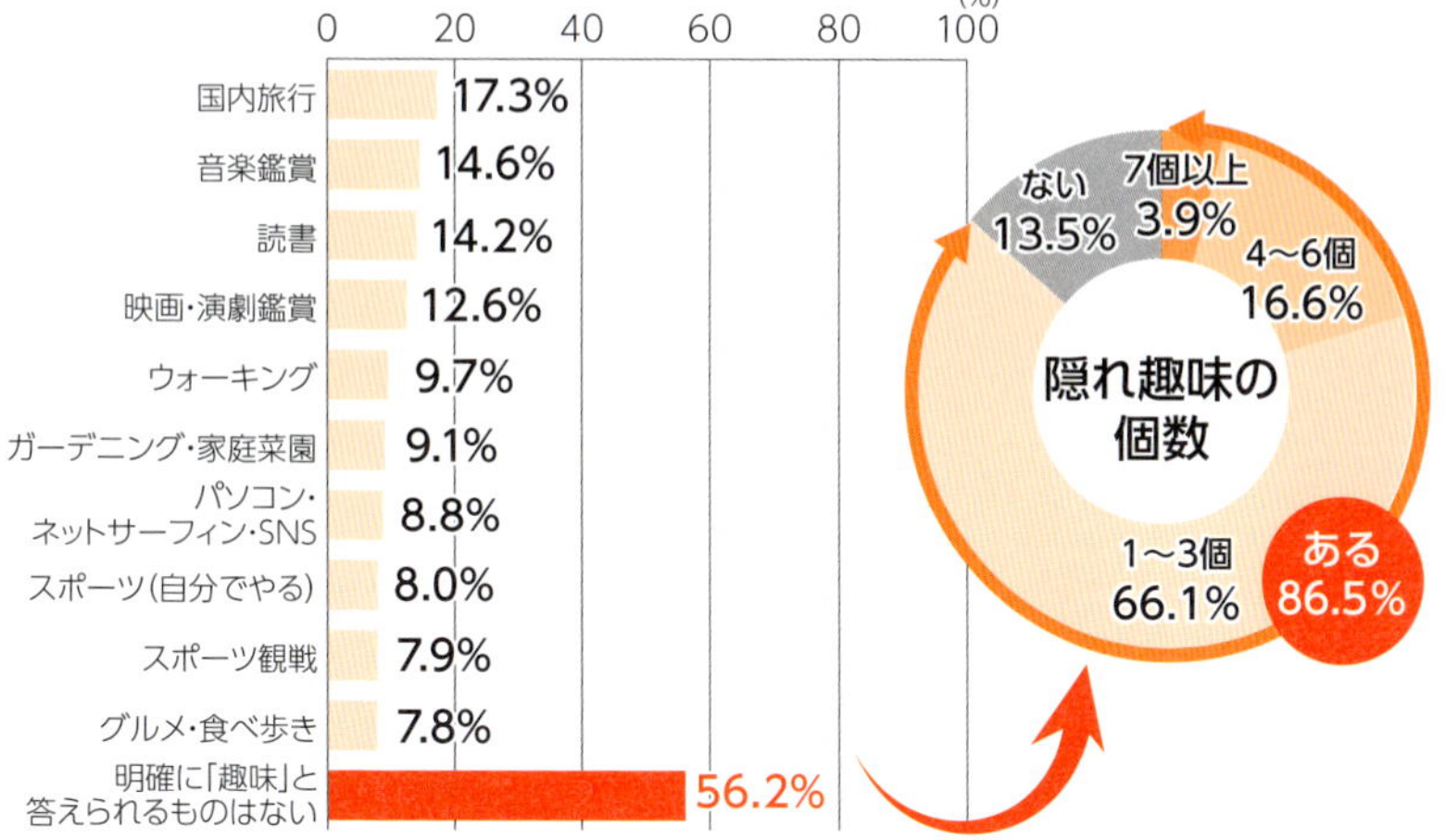
(%)
0
20
40
60
80
100
国内旅行 17.3%
音楽鑑賞 14.6%
読書 14.2%
映画・演劇鑑賞 12.6%
ウォーキング 9.7%
ガーデニング・家庭菜園 9.1%
パソコン・ネットサーフィン・SNS 8.8%
スポーツ(自分でやる) 8.0%
スポーツ観戦 7.9%
グルメ・食べ歩き 7.8%
明確に「趣味」と答えられるものはない 56.2%
隠れ趣味の個数
ない 13.5%
7個以上 3.9%
4〜6個 16.6%
1〜3個 66.1%
ある 86.5%

Q あなたはいま、どの程度幸せですか？「とても幸せ」を10点、「とても不幸」を0点とした場合、現在の幸福度にあてはまる点数を教えてください

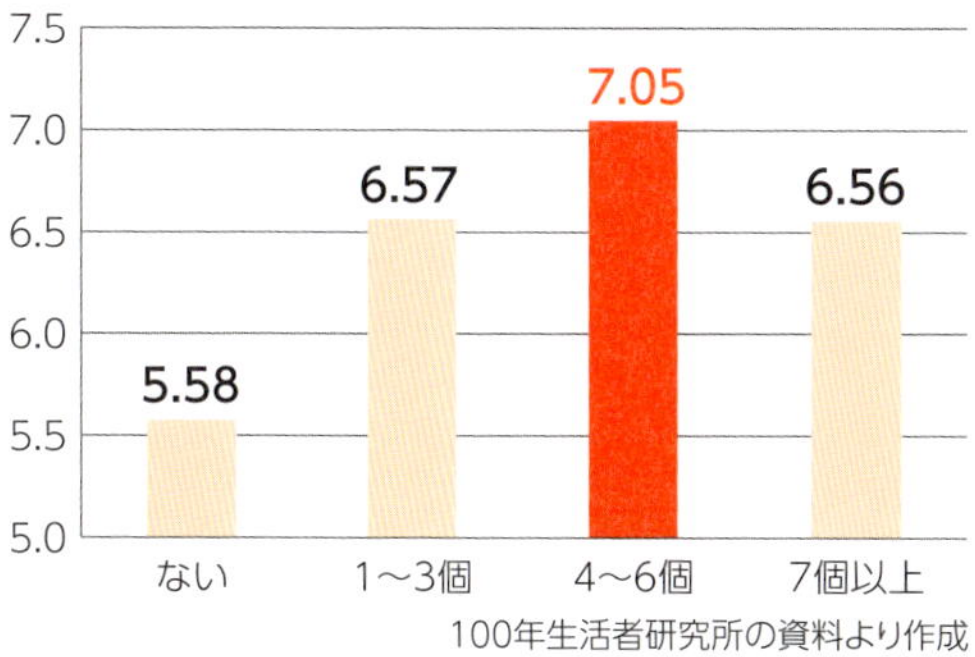
7.5
7.0
6.5
6.0
5.5
5.0
5.58
6.57
7.05
6.56
ない
1〜3個
4〜6個
7個以上

100年生活者研究所の資料より作成

趣味とまでいえなくても、楽しいことを続けているほうが幸せそうだね！

■文化に触れることも大切

文化芸術活動に触れると人生の意義や生きがいを感じられるそうです。

TOPIC 08

タイムバケットで取り組むことに集中する

お金と時間を有効に使うためのツール

後悔は死ぬまで続く…

長年緩和ケアの介護を務めたブロニー・ウェア氏によると、死ぬ前の後悔トップ5は「自分に正直な人生を生きればよかった」「働きすぎなければよかった」「思い切って自分の気持ちを伝えればよかった」「友人と連絡を取り続ければよかった」「幸せをあきらめなければよかった」とのことです。いずれも、**今から意識して行動すれば変えていける**内容ですよね。

やりたいことの先延ばしを防ぎ、後悔しない人生をおくるために**「タイムバケット」というツールを活用していくこと**をおすすめします。

やりたいことを整理しよう

タイムバケットは、自分の年齢や年代をバケツに見立てて、各年代で自分がやりたいことをまとめたものです。**年齢別の「死ぬまでにやりたいことリスト」**ともいえるでしょう。

現在をスタート地点、予想される人生最期の日をゴールとします。そして、その間を5年、10年で区切り、やりたいことや起こりうる大きなイベントを入れていきます。

残りの人生でなにをやりたいのかを時系列で考え、**今しかできないことに集中して取り組む**ことで、人生がより豊かになっていきます。

Memo

タイムバケットはあくまでどんな人生をおくりたいかを考えるためのツール。いきなり完璧なものをつくろうとしなくてもOK。まずは気楽に作成し、ときどき見直して更新しながら、今しかできない経験に取り組みましょう。

タイムバケットで人生の計画を立てよう

■タイムバケットのつくり方

1 やりたいことをリスト化する

・世界遺産を巡る
・メジャーリーグ観戦
・スキューバダイビングをする

2 現在をスタートにして、5年〜10年区切りのバケット（バケツ）を用意する

3 やりたいことを各年代のバケットに振り分ける

世界遺産を巡る
メジャーリーグ観戦
スキューバダイビングをする

残りの人生でいつなにをしたいのかを振り分けよう。

50〜54歳	55〜59歳	60〜64歳	65〜69歳	70〜74歳
●メジャーリーグを観戦する ●スキューバダイビングの資格を取得する	●欧州を周遊する ●定年後に取り組む仕事の人脈をつくる	●ハワイの海でスキューバダイビングをする ●個人事業主で仕事を受注する	●世界遺産を巡る旅に出る ●自宅をリフォームして書斎をつくる	●地域の子どもの教育ボランティアに携わる ●日本の文化遺産を巡る旅に出る

タイムバケットをつくるときの留意点

時間 いつまで働くかによって、自由な時間がとれる時期が変わる

健康 運動や旅行は健康状態によって、できることや旅程が変わる

お金 やりたいことにお金がかかるなら、いつまでにいくら用意すればいいのか

できることが変わることを踏まえて、タイムバケットに振り分けます。タイムバケットに書いたことが実現できない理由が「お金」なら、その資金をつくる準備にさっそく取り掛かりましょう！

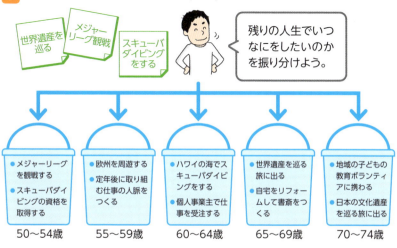

TOPIC 09

お金を貯めること自体を目的にしない

「足るを知る」のも幸福度に影響する

目標を動かすと幸せになれない

あなたは目標とする金額を貯められたら、それで満足するタイプでしょうか。それとも「さらに貯めよう」と考えるタイプでしょうか。一見、後者のほうが向上心が高くて努力家のようにみえますが、もしかしたら幸福度が上がりにくいかもしれません。

お金が1000万円貯まったら次の目標は2000万円、2000万円貯まったら次は…と、ゴールを動かすことを続けると、いくらお金が貯められても幸福度は増さないでしょう。それどころか、**お金を貯めること自体が目的となり、肝心の夢や目標の達成にお金を使えなくなります。**

「足るを知る」が幸せにつながる

グラスに半分ほど入っているワインを見て、「まだ半分ある」と思う人は楽観的、「もう半分しかない」と思う人は悲観的という話は有名です。**幸福度は、物事の捉え方の違いによっても変わります。**

お金に限った話ではありませんが、物事を悲観的に捉える人よりも、楽観的に捉える人のほうが幸福度も高くなります。チェーン店の牛丼を「もっと高いものがよかった」と思って食べても幸せではないはず。「おいしい」と満足して食べる人が幸せです。**他人と比較せず「足るを知る」ことが、結果として幸福度のアップにつながります。**

Memo

幸福学を研究している前野隆司氏によると、幸福度の高い人は物事をポジティブに捉える傾向があり、また、多くの選択肢から「最善の選択肢を選ぼうとする人」よりも「そこそこで満足する人」のほうが幸福度が高いそうです。

「足るを知る」ことも幸福度を上げる方法

■もしも貯金額のゴールを動かしたら…

1000万円貯めるぞ!
貯まったー!
幸
次は2000万円!
なかなか貯まらない
節約してるのに
不幸
ナイショで増やすぞ!
馬券
馬券
馬券
馬券
馬券
貯金ゼロに!
グリグリ
なにやってんのよっ
ド不幸!

NG

ゴールを動かすといつまでも満足しないし、お金を使い切れなかったり、失敗してしまったりする可能性もあるよ。

■楽観的に考えたほうが人生は楽しい

もう半分しかない…
悲観的!
幸福度
低
まだ半分もある!
楽観的!
幸福度
高

幸せは自分の心が決めるもの。楽観的に捉える人のほうが幸福度が高くなります。

Column

体験格差は子どもの貧富の差につながる

プロローグや第2章では、豊かな経験が人生の幸福度を左右することを紹介しました。この経験(体験)の差が親から子に連鎖し、貧富の差につながることもあるといったら、驚かれる方も多いかもしれません。

公益社団法人チャンス・フォー・チルドレン「子どもの『体験格差』実態調査」(2023年)では、直近1年間に学校外の体験(スポーツ・運動・文化芸術活動・自然体験・社会体験・文化的体験)がない子どもの割合が世帯年収によって違うことが示されています。

学校外の体験がない子どもの割合は、世帯年収600万円以上の世帯では11.3%なのに対し、世帯年収300万円未満の世帯では29.9%と、実に3倍近くも違っています。もちろん、すべての人にあてはまるわけではないのですが、貧富の差が体験格差につながるデータだといえます。

また、子どもが学校外の体験をやってみたいと思っていることがわかっても、させてあげられない理由に「経済的な余裕がないから」をあげた世帯の割合も、世帯年収600万円では16.9%なのに対し、世帯年収300万円未満では56.3%と、半数を超えています。

さらに、親の体験の有無が子どもの体験の有無にも関わります。親が子ども時代になんらかの体験をしている場合、子どもが「体験ゼロ」となる割合は13.4%なのに対し、親が「体験ゼロ」の場合、子どもが「体験ゼロ」となる割合は50.4%と、約半数に増加します。

子どもたちは、さまざまな体験を通じて自分の強みや個性を発見し、伸ばすことができます。その体験をすることなく育つと、経済的・文化的に埋められない格差を生みかねません。なにより「記憶の配当」「幸せの配当」から考えると、早いうちに体験を重ねておくことが、後の人生によい影響を与えます。ですから、親世代である方は特に、これから子どもとさまざまな体験をすることで、自分はもちろん、子どもにもよい影響を与えることができるでしょう。

第3章

資産ゼロを目指す投資戦略とお金の減らし方

お金を使うためには、お金を効率的に増やしながら、
資産寿命を延ばしていくことが大事です。
本章では、50代からの資産形成プランを紹介。
また、資産寿命を延ばすための取り崩し戦略を解説しています。

一生お金に困らずに済む投資戦略

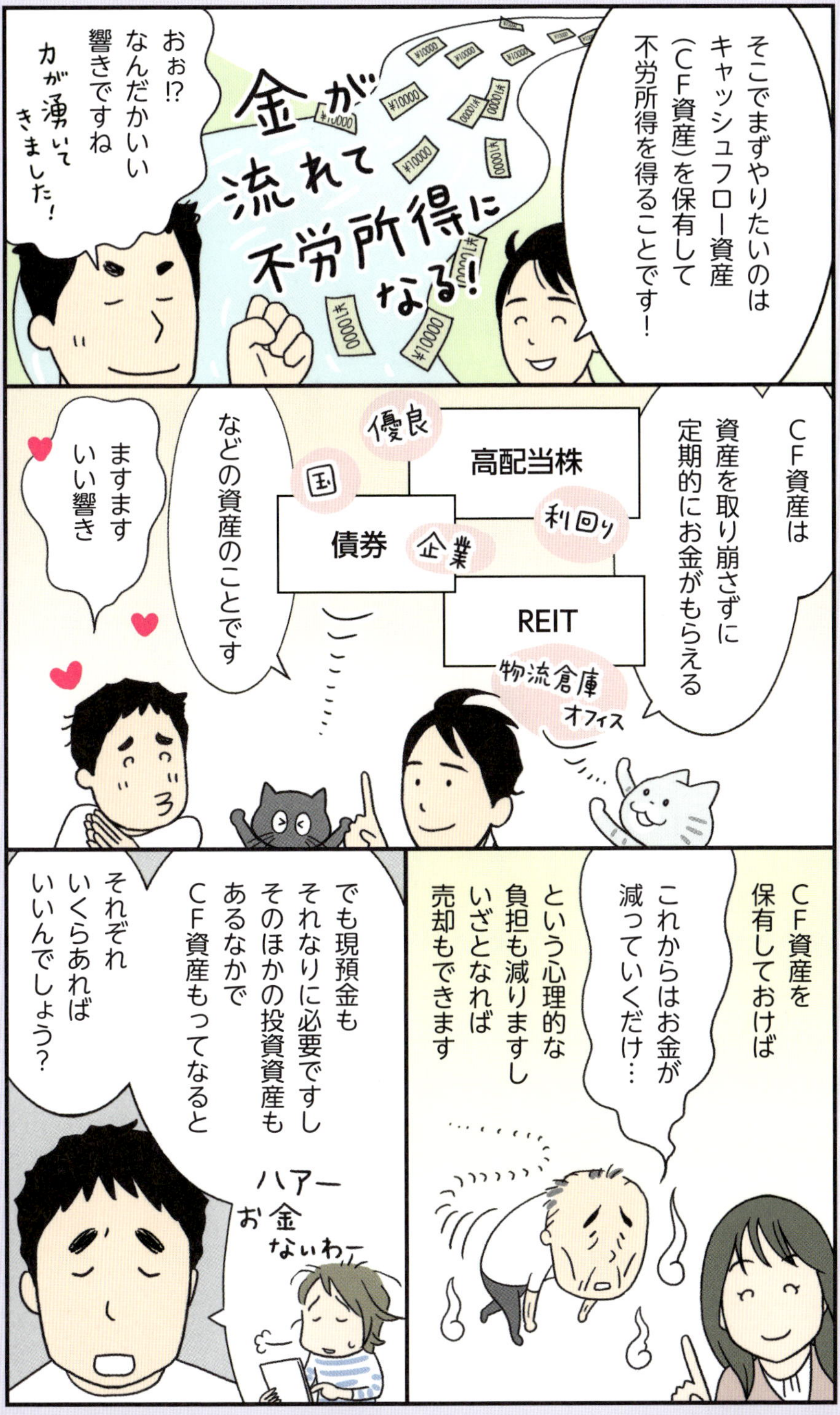
そこでまずやりたいのは
キャッシュフロー資産
(CF資産)を保有して
不労所得を得ることです！
金が流れて不労所得になる！
おぉ!?
なんだかいい
響きですね
力が湧いてきました！
CF資産は
資産を取り崩さずに
定期的にお金がもらえる
高配当株
優良
利回り
債券
国
企業
REIT
物流倉庫
オフィス
などの資産のことです
ますます
いい響き
CF資産を
保有しておけば
これからはお金が
減っていくだけ…
という心理的な
負担も減りますし
いざとなれば
売却もできます
でも現預金も
それなりに必要ですし
そのほかの投資資産も
あるなかで
CF資産もってなると
それぞれ
いくらあれば
いいんでしょう?
ハアー
お金
ないわー

定年後の資産取り崩し期になったら保有している投資資産のうち300～500万円をCF資産にまわすのがひとつの手です
投資資産
300万円～500万円
CF資産
いただき
じゃあ取り崩すときはほかの投資資産から使っていけば安心ってことですね
さっそく華に伝えなきゃ…！
びゅうっ
待って待って！
もうひとつ知っておいてもらいたいことがあります！
コア・サテライト戦略
です…！
コア…ラ？
わざと？わざとだよね
投資資産のなかでも7割以上は長期運用する資産として3割以下は積極運用する資産として役割を2つに分けるんです
投資資産
コア
安定成長・長期運用
サテライト
積極運用
ガンガン増やすぞー
全部積極運用して大金を狙おうと思ってた…
長く持ってじっくり増やすぞ

「コア」は安定的な資産で堅実に増やしていきつつ
バサッ
値動きの大きい「サテライト」の資産で利益の上乗せを狙う戦略がベストです！
どっしり
コア
サテライト
取り崩すときは値動きの大きいサテライト資産から使っていけば
よかった
安心
安心
長生きのリスクにも対応しつつ心の安寧も得ながらお金を使っていくことができますよ
なるほど！
計画的に使っていけば将来お金が不足して困ることもないってわけか…
夫婦で楽しく暮らせるかなー
ぱぁ
なんとゲンキンな
華〜〜
いいこと聞いたよー
びゅうう
そのほかにも具体的な戦略があるので詳しく見ていきましょう！
……
……
……

TOPIC 01

富の最大化より幸福の最大化を目指す

お金は貯めこむことより使うほうが大事！

資産を使い切るのは実際難しい

お金はないよりはあったほうがいいことは間違いありません。人生の終盤が貧しければ、つらい人生だったと感じる人もいます。しかし、プロローグでも触れたように、**お金があっても、使わずに死ぬのは、幸せな人生とは呼べない**と思います。人生の幸福度を高めるのは、**お金よりも人間関係・健康・経験・思い出**だからです。

お金を必要以上に貯めこまず、そうしたものにできるだけお金と時間を使って最期を迎えたほうが、人生の幸福度は高いでしょう。**「富の最大化」ではなく「幸福の最大化」を目指すことが重要**なのです。

キャッシュフローを生む資産を活用

ただ、資産を使い切って死ぬのは難しいのも事実です。理想は、左上図のように資産を使い切っていくことですが、寿命がわからないなかで取り崩していくのは、ただただ不安になるだけ。

そこで検討したいのが、**資産の一部を高配当株、債券、REITなど定期的にキャッシュフローを生む資産（以下、CF資産）に換えて死ぬまで保有する**こと。不労所得があれば、心理的な負担も減り、いざとなれば売却できる選択肢もあります。CF資産はあくまでも資産の一部として保有し、残りの資産は運用しながら取り崩します。

用語解説

不労所得：働かずに得られる収入のこと。本書では、株式から得られる配当金、投資信託から得られる分配金、不動産から得られる家賃収入、預貯金や債券から得られる金利収入などを指す。詳しい商品の説明は第４章参照。

資産ゼロで死ぬのが理想だが…

資産形成期
資産取り崩し期
じっくりと資産をつくる
運用しながら取り崩す
就職
退職
寿命

だからこそ、下のようにCF資産を準備しておくのがいいんですよ！
こんなふうにできるのが理想だけど実践するのは怖いな…。

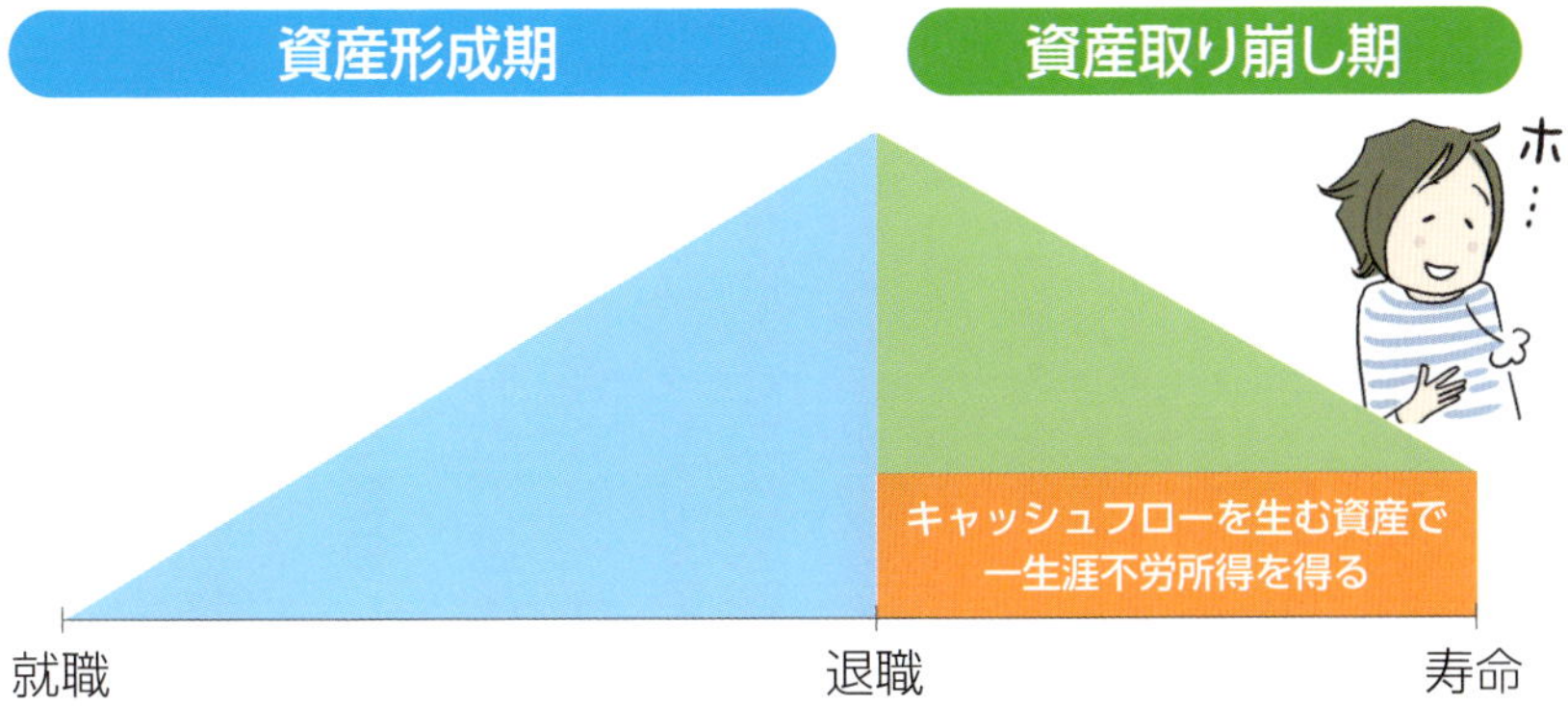
資産形成期
資産取り崩し期
ホ…
キャッシュフローを生む資産で一生涯不労所得を得る
就職
退職
寿命

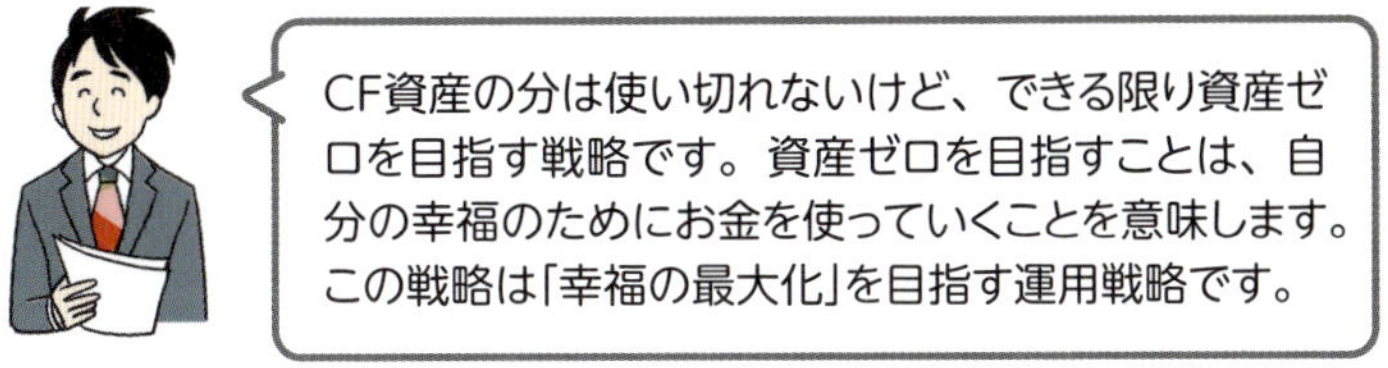
CF資産の分は使い切れないけど、できる限り資産ゼロを目指す戦略です。資産ゼロを目指すことは、自分の幸福のためにお金を使っていくことを意味します。この戦略は「幸福の最大化」を目指す運用戦略です。

TOPIC 02

50代からの資産形成プラン

60歳までに投資にまわせるお金をつくる

70歳までに築く投資資産の目標

ここからは70歳以降でお金に困らないための戦略の一例を紹介していきます。

まず目指したいのは**70歳までに現預金とは別に１０００万〜１５００万円の資産を築くこと**です。

その目標に向け、50代は積極的に資産形成をおこない、**60歳までに現預金３００万〜５００万円と５００万円の投資資産をつくること**を目指します。

その際、必ず生活費の6カ月分は現預金で確保します。現預金は投資の世界では「Ｃａｓｈ ｉｓ Ｋｉｎｇ」といわれ安心感をもたらしてくれます。

ＣＦ資産を保有して収入を継続

60歳以降は用意した５００万円の運用に加え、**70歳までの毎月の勤労収入の一部を積立投資にまわし、合計で１０００万〜１５００万円の投資資産を築くことを目指します。** 資産取り崩し期では、３００万〜５００万円をＣＦ資産に換えて保有し続けます。そのうえで、残りの資産を運用しつつ取り崩していきます。取り崩しが終わっても年金はもらえ、現預金とＣＦ資産は手元に残ります。ＣＦ資産からは、配当利回り（分配金利回り）が４％ならば、月１〜２万円の不労所得が年金収入に加えてもらえ、収入がゼロになることはありません。

Memo

内閣府「高齢社会白書」（2024年版）によると、60代後半の男性61.6％、女性43.1％が働いています。さらに、70代前半でも男性の42.6％、女性の26.4％が働いています。70歳まで働くことが、決して珍しい時代ではなくなってきています。

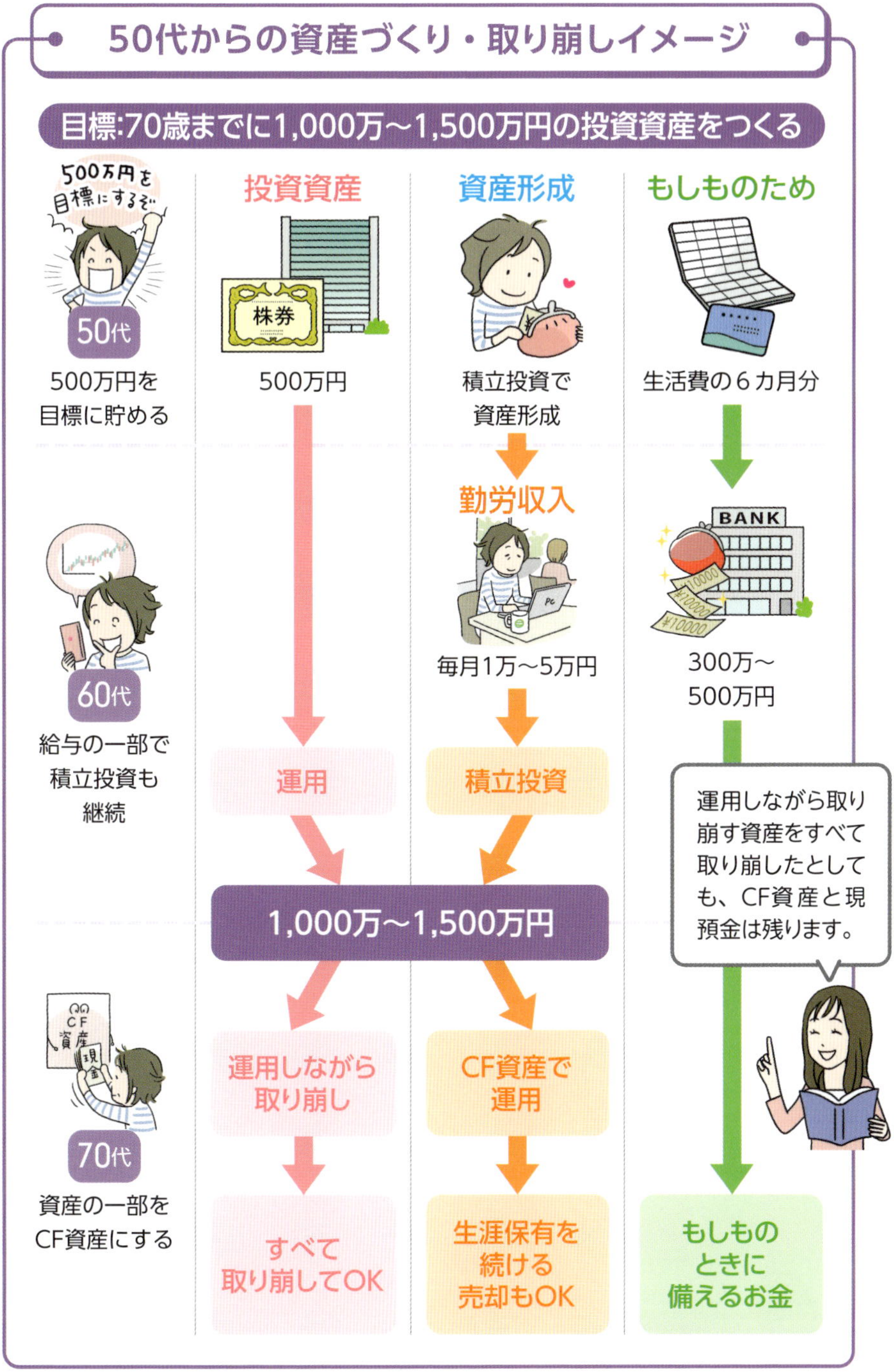
50代からの資産づくり・取り崩しイメージ
目標:70歳までに1,000万～1,500万円の投資資産をつくる
500万円を
目標にするぞ
50代
500万円を
目標に貯める
投資資産
株券
500万円
資産形成
積立投資で
資産形成
もしものため
生活費の6カ月分
勤労収入
PC
毎月1万～5万円
BANK
¥10000
300万～
500万円
60代
給与の一部で
積立投資も
継続
運用
積立投資
運用しながら取り崩す資産をすべて取り崩したとしても、CF資産と現預金は残ります。
1,000万～1,500万円
CF
資産
現金
70代
資産の一部を
CF資産にする
運用しながら
取り崩し
CF資産で
運用
すべて
取り崩してOK
生涯保有を
続ける
売却もOK
もしもの
ときに
備えるお金

TOPIC 03

60歳からの10年間でどれだけ増える？

60代からの投資シミュレーション

いくらに増やせるか計算しよう

左上の表は**運用年数・運用利回りから資産額が計算できる係数表**です。たとえば、５００万円を運用利回り５％で10年間運用できた場合の資産額は「５００万円×１・６２９＝８１４・５万円」と計算できます。

また、左下の表は、**10年間の掛け金・運用利回りから資産総額がわかる早見表**です。縦と横の交わるところにある金額が「毎月の積立金額が○万円・運用利回りが△％だった場合の資産総額」です。たとえば、毎月の積立金額が３万円・運用利回りが５％だった場合の資産総額は４６６万円とわかります。

上記の例を併用した場合、70歳時点の資産総額は８１４・５万円＋４６６万円＝約１２８０万円になります。

運用利回り年3～4％増は目指せる

国連は、世界人口が今後も増加すると予測しています。人口が増えれば、経済は拡大していきます。ＩＭＦによると、世界経済はおおむね年３～４％ずつ成長。フランスの経済学者トマ・ピケティ氏は18世紀以降、２００年以上にわたるデータを分析し「ｒ（投資のリターン）＞ｇ（経済成長率）」という理論を発表しており、**全世界に投資することで年３～４％を超えるリターンが期待できる**ということを意味しています。

Memo

「人口増大→消費拡大→生産拡大」によって消費・生産のサイクルがまわることで世界経済は拡大していきます。世界経済が拡大すれば、企業業績もアップします。そして、株価もつれて上昇していく可能性が高いでしょう。

60代の投資でいくら増やせる?

つくった投資資産を運用する

■運用年数・運用利回りから資産額が計算できる係数表

		運用利回り						
		1%	2%	3%	4%	5%	6%	7%
運用年数	5年	1.051	1.104	1.159	1.217	1.276	1.338	1.403
	10年	1.105	1.219	1.344	1.480	1.629	1.791	1.967
	15年	1.161	1.346	1.558	1.801	2.079	2.397	2.759
	20年	1.220	1.486	1.806	2.191	2.653	3.207	3.870
	25年	1.282	1.641	2.094	2.666	3.386	4.292	5.427
	30年	1.348	1.811	2.427	3.243	4.322	5.743	7.612

資産500万円を10年間利回り5%で
運用すると814.5万円になる計算です。

70歳までの勤労収入の一部を積み立てる

■掛け金・運用利回りから資産総額がわかる早見表
(運用期間10年)

		運用利回り						
		1%	2%	3%	4%	5%	6%	7%
毎月の積立金額	1万円	126万円	133万円	140万円	147万円	155万円	164万円	173万円
	2万円	252万円	265万円	279万円	294万円	311万円	328万円	346万円
	3万円	378万円	398万円	419万円	442万円	466万円	492万円	519万円
	4万円	505万円	531万円	559万円	589万円	621万円	656万円	692万円
	5万円	631万円	664万円	699万円	736万円	776万円	819万円	865万円

毎月3万円ずつ10年間積立投資して、運用利
回り5%だったとすると、466万円になります。

TOPIC 04

お金を増やすために、我慢し続ける必要はない！

バランスをみながらお金を使う

経験にお金を使うのはＯＫ

50歳からの資産運用戦略を考えると、一見70歳までお金を使ってはいけないように感じられるかもしれません。お金を増やす観点でいえば、できるだけお金を使わずに投資にまわしたほうがいいですが、**やりたいことができる期間は限られています。**50代・60代のうちならできることも、70代ではできなくなるかもしれません。

Ｐ25の図の通り、**お金を使う価値は若いときのほうが高いのです。**お金は使うためのものですから、使ってＯＫ。ただ、お金を早く使い切ってしまうと、その後の人生が困るのでバランスは考えましょう。

不安を減らす、資産の取り崩し方

ＦＩＲＥを実践している人のなかには、「4%ルール」をおすすめしている人もいます。これはインフレを控除した米国株式市場の実質成長率が4%であるとし、**投資資産から取り崩すお金が毎年4%までであれば、資産を減らさず暮らせる**という考え方。

現役時代のうちにＣＦ資産に投資するのも一案です。ＣＦ資産から得た配当金などは、生活を豊かにするために使う、または、再投資してもいいです。値上がり益を取り崩すより心理的に使いやすいですよね。**定年後、年金収入に加えて不労所得を得られれば、心の安定にもつながります。**

用語解説

FIRE：「Financial Independence, Retire Early」の略語で「経済的自立と早期リタイア」のこと。資産運用から得られる収入で生活できれば、無理して嫌な仕事をせずとも、好きなことをして生きられるというライフスタイル。

お金を減らさない使い方

■FIREの考え方を取り入れる

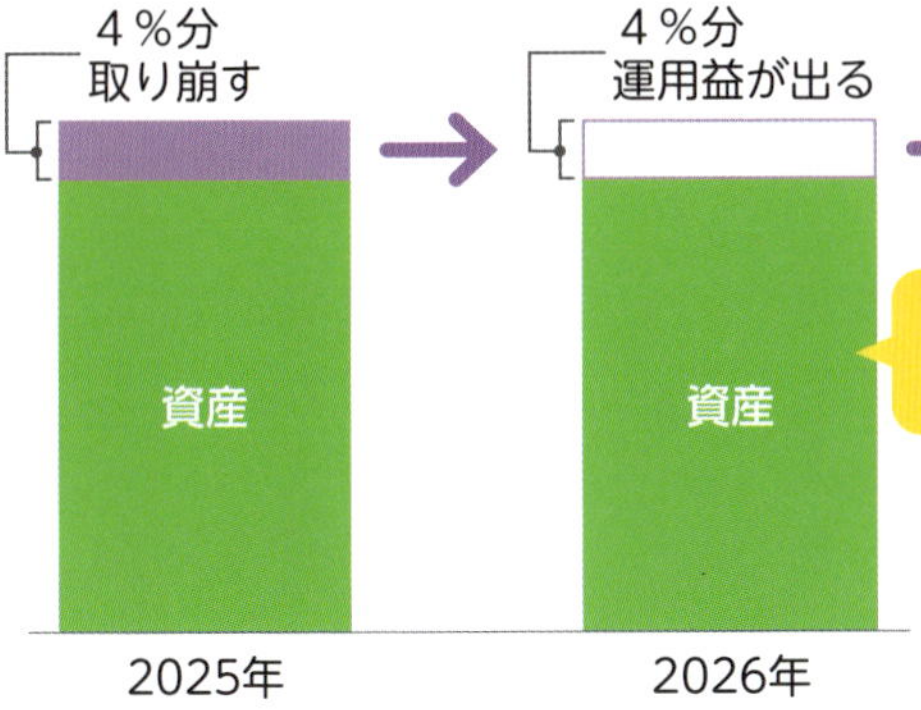

4％分は
生活を豊かに
するために使う

■CF資産からの収入は生活を豊かにするために使ってOK

CF資産から得られたお金を使えば、
現預金などの資産を取り崩さずに済む！

家族で旅行に行く

旧友に会って話をする

自分の趣味を楽しむ

今しかできないことにお金を使うのはOK。ただ、
使い切ると将来困るので、バランスよく使おう！

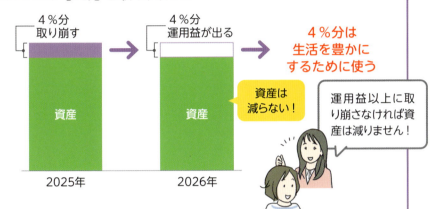

TOPIC 05

定年前後のコア・サテライト戦略

守りながら攻める戦略で豊かな生活をおくろう

お金を減らさずに増やす戦略

投資をする目的はお金を増やすことなので、誰もがお金を減らさずに増やしたいと考えますよね。そうした考えにマッチした戦略として「コア・サテライト戦略」があります。**資産を「コア」と「サテライト」の2つに分けて、それぞれに適した資産で運用をおこなう戦略**です。

資産の7割以上は安定成長・長期運用のコア資産として運用します。**残りの3割以下は、積極運用のサテライト資産にします。**このポートフォリオなら、守りの投資でお金を堅実に増やしつつ、攻めの投資で利益の上乗せを狙うことができます。

定年前後のコア・サテライト戦略

安全資産として現預金・変動10年国債は必須です。なお、本書では変動10年国債をＣＦ資産としても活用します。新ＮＩＳＡやｉＤｅＣｏではインデックスファンドやバランスファンドをメインで投資・運用しましょう。優待・配当狙いの個別株をコア資産の位置づけで運用するのは問題ないでしょう。売却益狙いならばサテライト資産として扱います。

定年後の運用戦略は、資産を増やすことよりも定期的に使っていくことを考え、**値動きを抑えたコア資産主体がおすすめ。**詳しい商品の紹介は第4章でおこないます。

用語解説

ポートフォリオ：どんな資産にいくら投資するかを表す資産配分の組み合わせのこと。投資のリスクとリターンはポートフォリオによって変わる。たとえば株式が多ければ積極的な運用、債券が多ければリスクを抑えた運用になる。

コア・サテライト戦略で堅実に資産を増やす

コア・サテライト戦略のイメージ

定年前後のコア資産の例　総資産の7割以上

●安全資産
・現預金
・変動10年国債(CF資産としても活用)

●安定成長資産
・インデックスファンド(ETF)
・バランスファンド

●CF資産
・不動産投資
・高配当株(ファンド・ETF)
・REIT(ファンド・ETF)
・債券(ファンド・ETF)

定年前後のサテライト資産の例　総資産の3割以下

●積極運用資産(売却益狙い)
・日本株、米国株
・アクティブファンド

コア資産は安全資産とCF資産を含めて考えるよ！

定年前後のコア・サテライト戦略の例

リスクを抑えるためにコア資産を多めに保有しましょう！

バランス・守りタイプ

コア資産	安全資産	現預金	500万円
	安定成長資産	バランスファンド	1,000万円
	CF資産	高配当株ファンド	500万円
		総資産	2,000万円

攻めタイプ

コア資産	安全資産	現預金	500万円
		変動10年国債	300万円
	安定成長資産	インデックスファンド	1,100万円
	CF資産	高配当株	400万円
		REITファンド	200万円
サテライト資産	積極運用資産	日本株	300万円
		米国株	200万円
		総資産	3,000万円

TOPIC
06

70歳から本格的に資産を取り崩していく

資産運用の出口戦略の5カ条

取り崩しの全体像を把握しておこう

資産の取り崩しを本格的にはじめるのは70歳以降。60歳のうちは、取り崩しても4％以内に抑えて資産を減らさないようにします。70歳になったら投資資産の一部をCF資産に変え、生涯保有を続けます。

コア・サテライト戦略の資産は、値動きの大きいサテライト資産から取り崩します。また、70歳以降は**定率取り崩しと定額取り崩しを組み合わせて運用しながら取り崩します。**詳細は次項以降で紹介します。

前述の通り、現役時代のうちにCF資産に換えて、得られるお金を幸福度を高めるために使うというやり方もおすすめ。CF資産から得られる定期的な収入は、マーケット変動の影響を受けにくいので、年間で使える金額の計画も立てやすいです。

死ぬまでに使い切ることが理想

70歳以降に資産を計画的に取り崩し、自分が亡くなるときには取り崩し資産がゼロに近づく「ほぼDIE WITH ZERO」となっていることが理想的です。

たとえ予想以上に長生きしたとしても、現預金に加えてCF資産も残っています。もちろん終身でもらえる公的年金もありますので、**完全に収入がゼロになる心配はありません。**心理的な余裕をもって過ごすことができるでしょう。

Memo

鎌倉新書「お葬式に関する全国調査（2024年）」によると、葬儀費用の総額の平均は118.5万円。そのうち家族葬の平均は105.7万円、一般葬は161.3万円です。現預金やCF資産を使い切れなくても、こうした費用にまわすことができます。

資産取り崩しの全体像

■資産運用・老後資金の出口戦略の5か条

1. 70歳までの資産の取り崩しは**4%以内**にとどめる
2. コア・サテライト戦略の資産は**サテライト資産**から取り崩す
3. 70歳以降は**「前半定率・後半定額」**で資産を運用しながら取り崩す
4. CF資産は基本的に**生涯にわたって保有**を続ける
5. 亡くなるときに**「ほぼDIE WITH ZERO」**を目指す

資産を計画的に取り崩すことで人生が豊かになります。

■最後に資産をほぼゼロにするための流れ

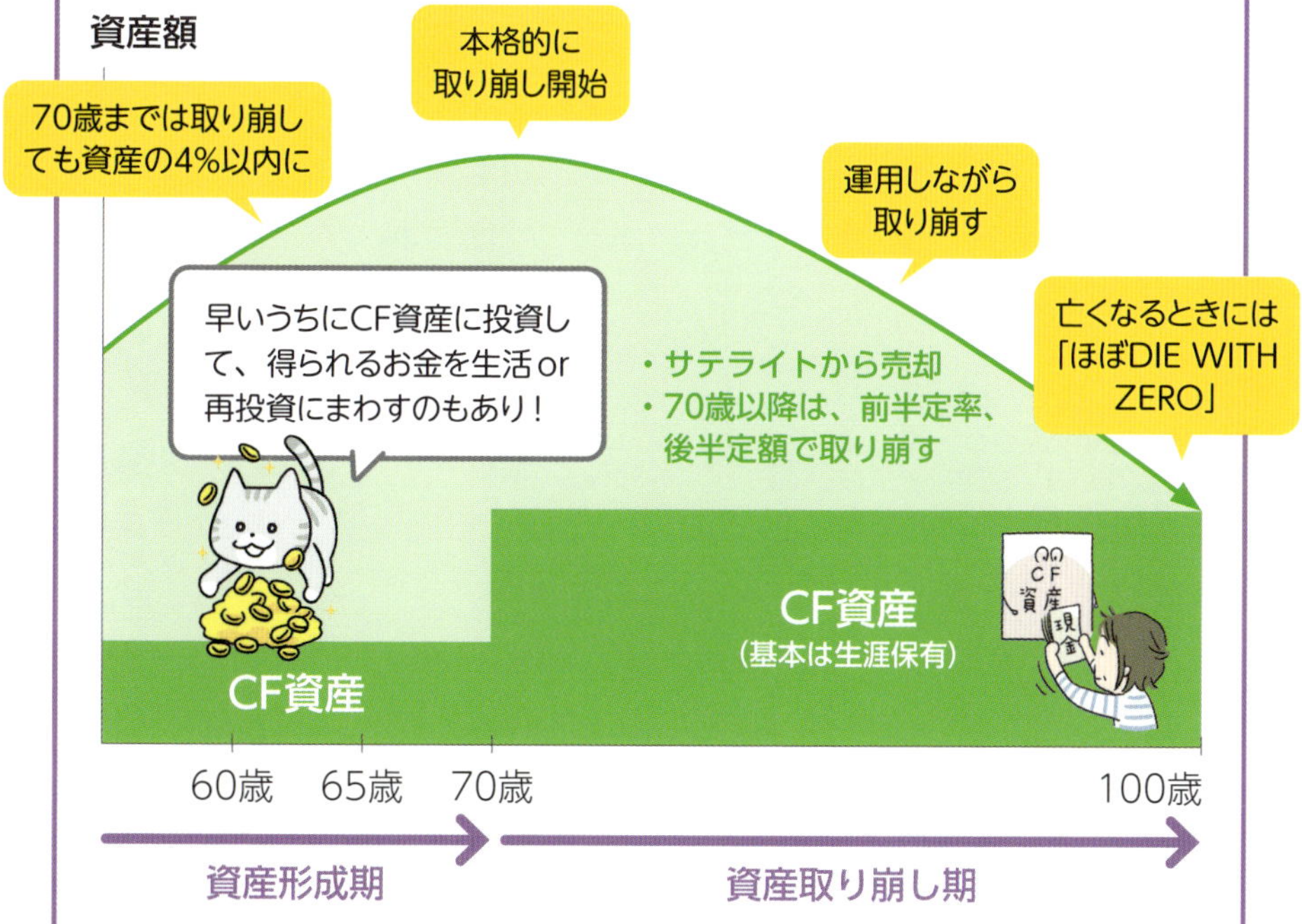
資産額
本格的に取り崩し開始
70歳までは取り崩しても資産の4%以内に
運用しながら取り崩す
早いうちにCF資産に投資して、得られるお金を生活or再投資にまわすのもあり！
・サテライトから売却
・70歳以降は、前半定率、後半定額で取り崩す
亡くなるときには「ほぼDIE WITH ZERO」
CF資産
CF資産（基本は生涯保有）
60歳
65歳
70歳
100歳
資産形成期
資産取り崩し期

TOPIC 07

資産の取り崩しには順序がある

資産はどこから取り崩していくか？

リスクの高い資産から取り崩す

仕事を引退したら、現預金とＣＦ資産は保有したまま、残りの投資資産を取り崩していきます。**サテライト資産のなかでも、リスクの高い資産から取り崩しましょう。**

なぜなら、値動きの大きな資産は、大きく値上がりする可能性がある一方、大きく値下がりする可能性があるためです。年齢が上がると、市場が大きく下落した場合、回復するまで待つのが難しいケースもありますし、高齢になるにつれて資産売却の判断力が衰えるリスクもあります。ですから、相場のいいタイミングで売却しておくのがよいでしょう。なお、ＣＦ資産として保有する高配当株はサテライト資産として考えず、保有を続けて構いません。

コア資産は投資信託・ＥＴＦから

残りの投資資産を売却して得たお金は、**コア資産の現預金・債券・投資信託・ＥＴＦなどに移していきます。**投資信託やＥＴＦにも値動きがありますが、分散投資で値動きが抑えられているので、**運用しながら取り崩しやすい特徴があります。**

投資信託やＥＴＦの取り崩しが終わったら、最後にもしもに備えるお金以外の安全資産を取り崩していきます。残りの投資資産がゼロになっても、もしもに備える現預金とＣＦ資産は手元に残ります。

Memo

投資の世界の「リスク」は「リターン（収益）のブレ幅」という意味。リスクとリターンはトレードオフなので、リスクが低ければ「ローリスク・ローリターン」、高ければ「ハイリスク・ハイリターン」になります。

資産の取り崩し優先順位

一生涯保有を続ける

もしもに備える
現預金

CF資産
(→P130以降)

取り崩してOK！

残りの投資資産

取り崩しの優先順位

1番 サテライト資産

値動きの大きな資産から順に売却し、お金を投資信託・ETF・債券・預金などのコア資産に移す

日本株・米国株・アクティブファンドなどがあるよ！

2番 コア資産

一度に売ることはせず、運用しながら取り崩すことで資産寿命が長持ちする

具体的な取り崩し方はP98で紹介しています。

3番 安全資産

元本保証のある定期預金や個人向け国債などを取り崩す

もしもに備える現預金とCF資産以外はほぼ取り崩せます！

TOPIC 08

ただ取り崩すだけでは早々に資産はゼロに！

「運用と取り崩し」で資産寿命を延ばす

運用しながら取り崩すと長持ちする

70歳時点で資産が２０００万円あるとします。この資産を運用せずに月10万円ずつ取り崩すと、10年後の80歳時点で残りは８００万円に。そして86歳8カ月の時点でゼロになってしまいます。資産がゼロになる「資産寿命」を迎えてしまうのは避けたいですよね。

資産寿命を早々に迎えることを防ぐためには、**資産を取り崩すときに運用しながら取り崩すこと**がおすすめです。

仮に資産を年４％で運用しながら取り崩すと、毎月約10・７万円ずつ受け取れ、95歳まで資産が残る計算になります。

運用しながら取り崩すと、売るタイミングを分散できるので、**資産価値が下がったタイミングで一度に売ってしまうことも防げます。**

資本回収係数で計算してみる

左の表は、**資産を取り崩しながら一定の利回りで運用した場合に、毎年いくら受け取れるかを計算する「資本回収係数」**という数字の一覧表です。

表の縦の列には資産の取り崩し年数、横の行には運用利回りをいれています。自分の資産額に、この両者の交差するところの係数をかけると、定額取り崩しで毎年取り崩せる金額が計算できます。

Memo

運用しながら取り崩すことで、売るときのタイミングを分散させる効果があります。複数回に分けて商品を売却することで、安値で売りすぎてしまうことを避け、平均売却単価を安定させることができます。

資本回収係数で計算してみよう

■ 取り崩し方で資産寿命の長さが変わる

資産2,000万円を…

運用せずに月10万円ずつ取り崩し → 200カ月（16年8カ月）でゼロになる

年4％で運用しながら取り崩し → 25年にわたって月10.7万円ずつ取り崩すとゼロになる

資産寿命が長い

■ 資本回収係数（定額取り崩し）で資産寿命を延ばす

年利	1％	2％	3％	4％	5％	6％	7％
10年	0.10558	0.11133	0.11723	0.12329	0.12950	0.13587	0.14238
15年	0.07212	0.07783	0.08377	0.08994	0.09634	0.10296	0.10979
16年	0.06794	0.07365	0.07961	0.08582	0.09227	0.09895	0.10586
17年	0.06426	0.06997	0.07595	0.08220	0.08870	0.09544	0.10243
18年	0.06098	0.06670	0.07271	0.07899	0.08555	0.09236	0.09941
19年	0.05805	0.06378	0.06981	0.07614	0.08275	0.08962	0.09675
20年	0.05542	0.06116	0.06722	0.07358	0.08024	0.08718	0.09439
25年	0.04541	0.05122	0.05743	0.06401	0.07095	0.07823	0.08581
30年	0.03875	0.04465	0.05102	0.05783	0.06505	0.07265	0.08059

例）3,000万円を20年、年3％で運用した場合

3,000万円×0.06722＝年201万6,600円
年201万6,600円÷12＝月約16.8万円

70歳から90歳まで年金とは別に月16.8万円使えるのは大きいですね！

TOPIC 09

お金をうまく使い切るための合言葉

取り崩しの基本「前半定率・後半定額」

定額にも定率にもデメリットがある

資産の取り崩しには、「毎月○円ずつ」と**毎月一定額ずつ取り崩す定額取り崩し**と、「毎月資産の○%ずつ」と**毎月一定割合で取り崩す定率取り崩し**の2つがあります。

定額取り崩しは毎月取り崩す金額が一定なのでわかりやすく、生活費の目途が立てやすいのですが、資産の減りが早いのがデメリットです。

定率取り崩しでは定額取り崩しよりも資産が長持ちしますが、受け取れる金額が年々減ります。また、毎年取り崩せる金額が変わり、いくら取り崩せるかがわからないというデメリットもあります。

組み合わせ戦略でデメリットを補完

定額取り崩しと定率取り崩しのデメリットを補完する方法として、**資産が多いうちは定率で取り崩し、少なくなったタイミングから定額で取り崩す「前半定率・後半定額」というやり方**をおすすめします。老後前半の元気なうちに定率取り崩しをおこなうことで、お金をたくさん取り崩して使うことができます。

その後、定率取り崩しでは受け取れる金額が減る老後後半に定額取り崩しに切り替えることで、受け取ることができる金額を維持しながら資産を最後まで使い切ることが可能です。

Memo

定率取り崩しは資産を○%ずつと「割合」で取り崩すので、計算上は資産をいつまでも使い切ることができません。そこで後半定額に切り替えることにより、資産を上手に使い切ることができるようになります。

定額取り崩しと定率取り崩しを比較する

■定額取り崩し・定率取り崩しのメリットとデメリット

	定額取り崩し	定率取り崩し
メリット	・取り崩し額が一定なのでわかりやすい ・生活費の目途をつけやすい	・資産が長持ちする ・高値売りができる（P102 Memo参照）
デメリット	・定率取り崩しよりも資産の減りが早い	・取り崩し額がわからない ・受け取れる金額が年々減る

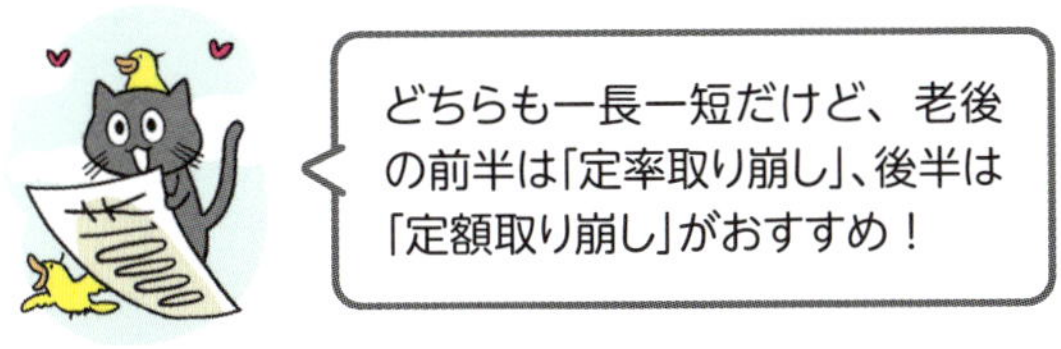

2,000万円の資産の取り崩し比較

・年４％で運用
・定率：毎年資産の８％を取り崩し
・定額：毎年160万円を取り崩し

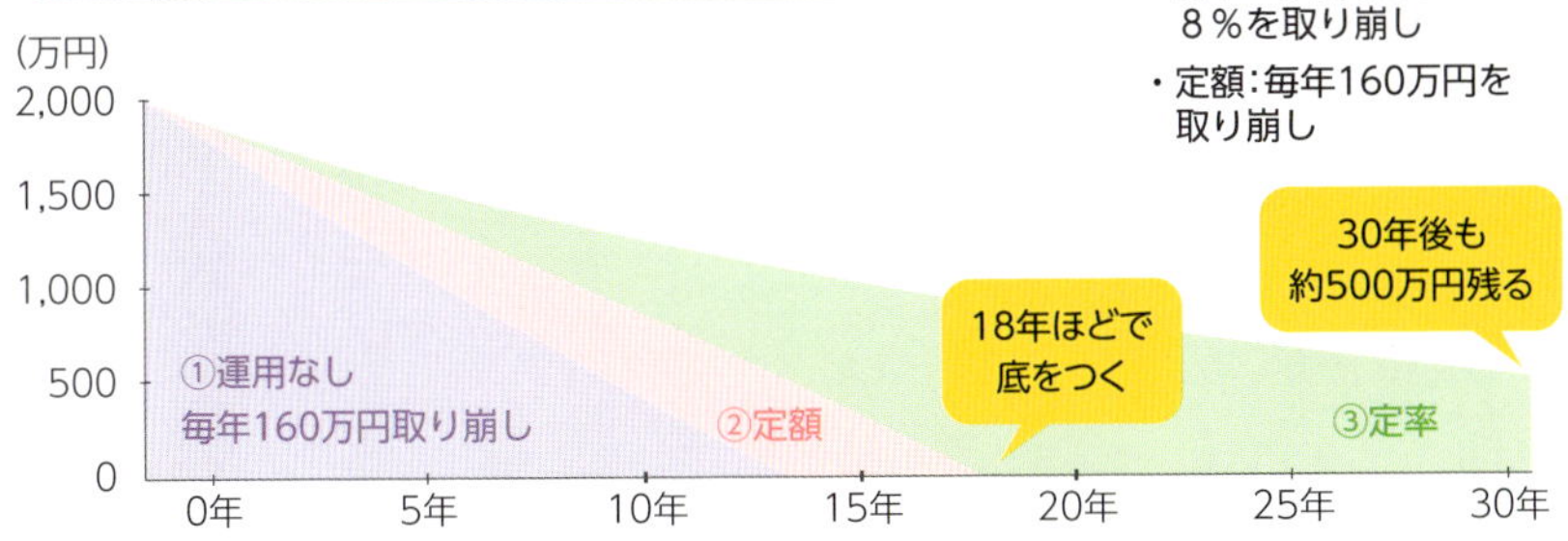

前半は定率、後半は定額で取り崩す場合

・年４％で運用
・前半を定率年８％で取り崩し
・後半を年100万円定額で取り崩し

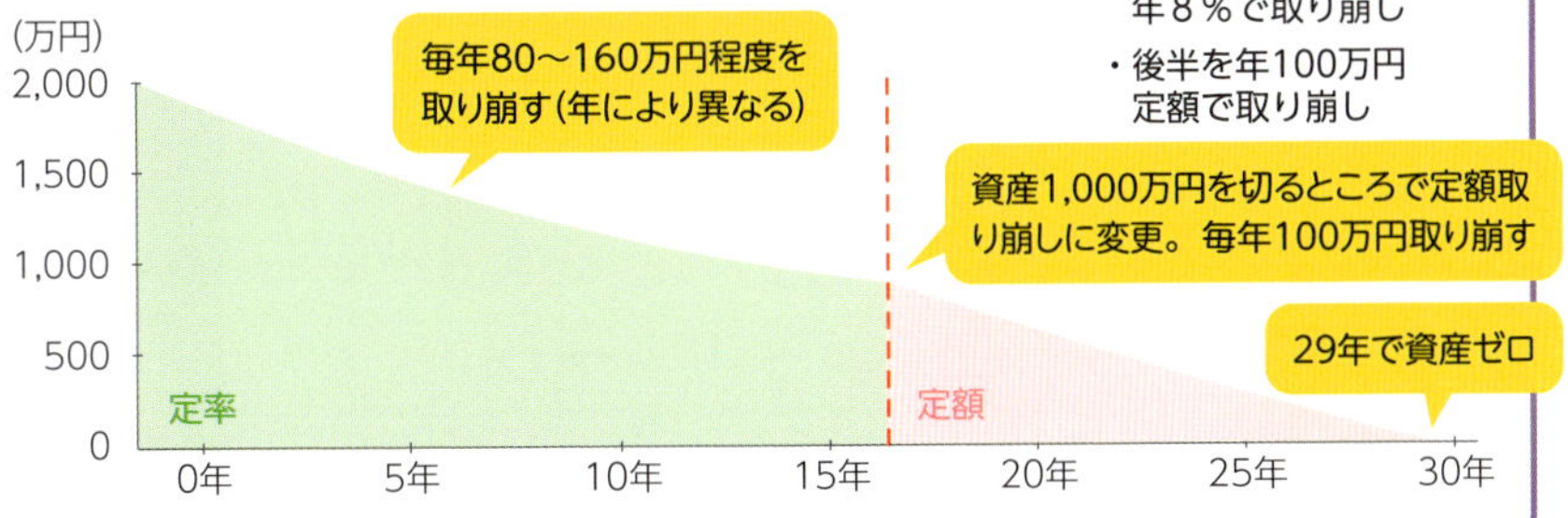

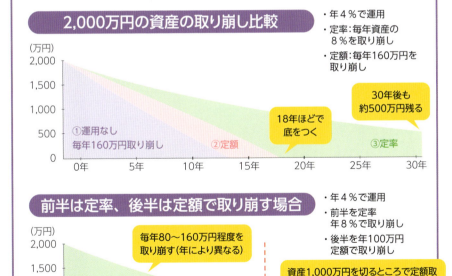

TOPIC 10

運用の結果が毎年同じとは限らない

いつ収益率が高いのか低いのかで資産が変わる

前半に収益率が低いと資産も減少

資産運用のシミュレーションでは「年5%で運用できた場合」とよく紹介されますが、運用の結果は必ずしも一定とは限りません。運用成果を年単位でみれば、値上がりする年、値下がりする年が異なります。そして、**いつ値上がり、値下がりするかで資産残高の推移が大きく変わってきます。**

定額取り崩しの場合、同じ平均収益率4%でも、収益率が前半に高いか後半に高いかで約507万円の違いが生じます（左図参照）。資産残高が大きい時期に収益率が低いと、**資産が大きく減ってしまい、その後収益率が高くなっても回復しません。**

収益率の上下にも難なく対応

一方、定率取り崩しの場合は、前半の収益率が高くても後半の収益率が高くても、一定期間（ここでは10年後）の平均収益率が同じならば資産総額も同じになります。

つまり、**定額取り崩しの場合の「毎年の収益率の順番により資産残高が大きく変わるリスク」を回避できます。**定率取り崩しならば前半に比較的多くのお金を取り崩せますし、多少毎年の取り崩し金額が変わっても対応できます。後半に定額取り崩しをすると、資産の減りは早くなりますが、高齢になるにつれてお金も使わなくなってきているので、それほど心配はいりません。

Memo

定率取り崩しは、価格が高いときは資産が増えるので、取り崩し額が増え、価格が低いときは取り崩し額が減るので、自然と「高値売り」ができます。資産が大きく減るリスクを下げながら取り崩せます。

「いつ収益率が高いか」で資産総額が変わる

■例）資産2,000万円を10年にわたって定額・定率取り崩し。収益率が前半高い場合と後半高い場合の10年後の資産総額の違い

※1年間運用したあとに資産を引き出す想定で算出。以降、取り崩しの図はすべて同様

定額取り崩しの場合

パターン①：前半の収益率が高い場合

平均収益率：4％

引き出し額：160万円×10年＝1,600万円

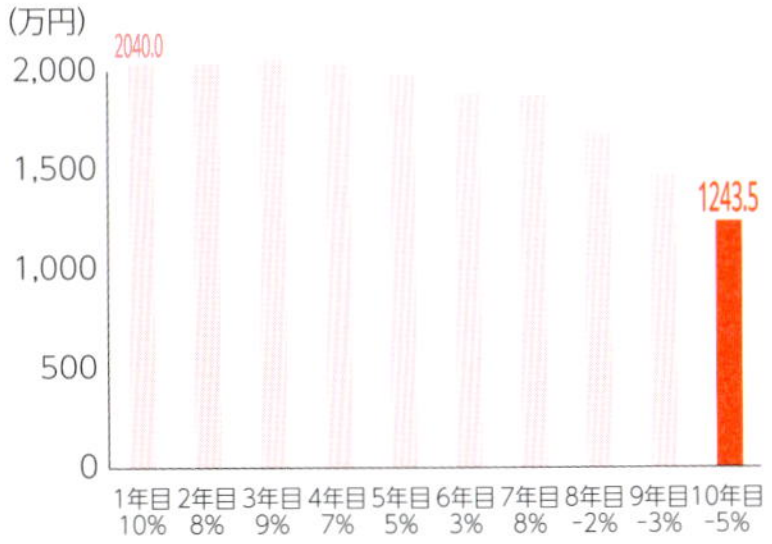

パターン②：後半の収益率が高い場合

平均収益率：4％

引き出し額：160万円×10年＝1,600万円

どちらも同じ平均収益率4％で、毎年の収益率だけ違う（順序が逆）だけですが、10年後の資産は500万円以上の差があります。

定率取り崩しの場合

パターン③：前半の収益率が高い場合

平均収益率：4％

引き出し額：1,558.9万円（引き出し率年8％）

パターン④：後半の収益率が高い場合

平均収益率：4％

引き出し額：1,196.6万円（引き出し率年8％）

定率取り崩しは、各年度の資産残高が違うため、それに応じて引き出し額「残高×8％の金額」は異なりますが、10年後の資産総額は同じです。

TOPIC 11

安定した配当収入で老後を支える投資戦略

死ぬまでに使い切る資産取り崩し例①

1500万円を取り崩すケース

ここからは、資産の一部をCF資産に換えて保有した場合のシミュレーションを2つ紹介します。

たとえば**65歳までに1500万円を用意したとします。300万円をもしものための現預金、300万円をCF資産にし、残り900万円を取り崩していきます。**前半は定率8％で取り崩していき、資産が450万円を切るところで後半とし、定額年50万円ずつ取り崩すとします。この間、年4％の運用利回り（配当利回りも年4％）が得られた場合の資産の推移は、左図のようになります。

92歳まで手取り収入約20万円を実現

定率取り崩しで1年目に取り崩せる金額は「900万円と運用で増えた分」の8％ですから、約75万円です。以後、年々取り崩せる金額は減り、80歳時点では年40万円程度になります。81歳からは定額取り崩しで年50万円ずつ取り崩すと、92歳で資産はゼロになります。

この間、年金15万円に加え、CF資産から月1万円の収入（配当）が得られますので、**老後前半（定率）の手取り合計は約19万～22万円、老後後半（定額）の手取り合計は約20万円**に。しかも、もしものことがなければ現預金とCF資産は残っています。

Memo

もしものときの現預金とCF資産は保有を続けます。92歳時点で取り崩し資産がゼロになっても、600万円は確保しつつ年金15万円はもらえるのですから、お金の不安なく暮らすことができるでしょう。

資産取り崩しシミュレーション①

前提条件

・65歳で退職
・65歳までに資産1,500万円
・65歳から年金受け取り（手取り月15万円と仮定）

ありがとうございました

1,500万円の取り崩し方

・300万円…万が一に備えて現預金で確保（取り崩さないで保有を続ける）
・300万円…CF資産に換えて持ち続ける（配当利回り4％）
・900万円…運用しながら取り崩す

前半定率　定率8％で取り崩し　後半定額　定額年50万円で取り崩し

【65歳以降の資産はこうなる】

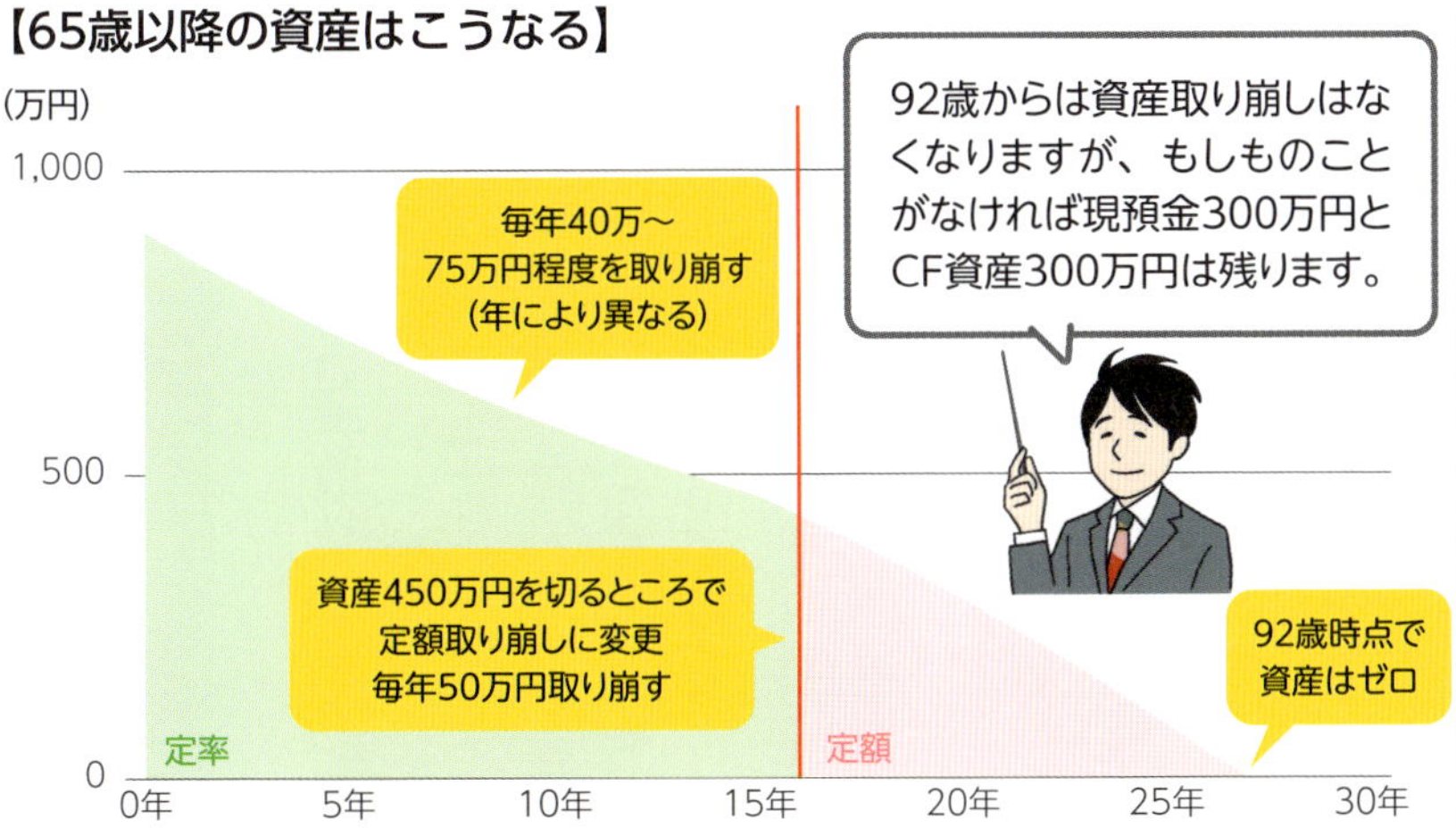
（万円）
1,000
500
0
0年
5年
10年
15年
20年
25年
30年
定率
定額
毎年40万～75万円程度を取り崩す（年により異なる）
資産450万円を切るところで定額取り崩しに変更 毎年50万円取り崩す
92歳からは資産取り崩しはなくなりますが、もしものことがなければ現預金300万円とCF資産300万円は残ります。
92歳時点で資産はゼロ

【月々の手取り収入】

	年金	CF資産の収入	資産取り崩し	合計
（前半定率）80歳まで	15万円	1万円	約3.3～6.3万円	約19～22万円
（後半定額）81～91歳まで	15万円	1万円	約4.2万円	約20万円
（取り崩し後）92歳～	15万円	1万円	―	16万円

TOPIC 12

年金の繰り下げ受給を活用し、さらに豊かな生活を

死ぬまでに使い切る資産取り崩し例②

資産２０００万円＋年金繰り下げ

ここでは、２０００万円の資産を用意し、年金を70歳まで繰り下げたシミュレーションをみていきます。年金の手取りは月18万円と仮定します。

70歳までに用意した２０００万円の資産のうち、５００万円をもしものための現預金、５００万円をＣＦ資産にして、残りの１０００万円を取り崩していきます。

前半は定率８％で取り崩していき、資産が５００万円を切るところで定額年50万円で取り崩し、年４％の運用利回り（配当利回りも年４％）が得られた場合の資産の推移は、左図のようになります。

99歳まで手取り収入約24万円を実現

定率取り崩しで１年目に取り崩すことができる金額は「１０００万円と運用で増えた分」の８％ですから、約83万円です。85歳時点では年45万円程度になります。86歳からは定額取り崩しで年50万円ずつ取り崩していくと、99歳時点で資産はゼロになります。

年金の繰り下げ受給をおこなったうえ、取り崩し資産も潤沢にあるので、毎月の手取りも充実しています。ＣＦ資産からの月１・７万円の配当（収入）を含めて、手取り合計は前半約24万～27万円、後半は約24万円になります。

用語解説

年金の繰り下げ受給：原則65歳から受給できる年金を66歳以降に受け取ること。１カ月遅らせるごとに0.7%ずつ年金額が増え、最大75歳まで繰り下げると84%増額となる。60～64歳に受け取る「繰り上げ受給」は最大24%の減額に。

資産取り崩しシミュレーション②

前提条件

・定年退職後、70歳まで働く
・70歳までに資産2,000万円
・70歳から年金受け取り（手取り月18万円と仮定）

2,000万円の取り崩し方

・500万円…万が一に備えて現預金で確保（取り崩さないで保有を続ける）
・500万円…CF資産に換えて持ち続ける（配当利回り4％）
・1,000万円…運用しながら取り崩す

前半定率　定率8％で取り崩し　　後半定額　定額年50万円で取り崩し

【70歳以降の資産はこうなる】

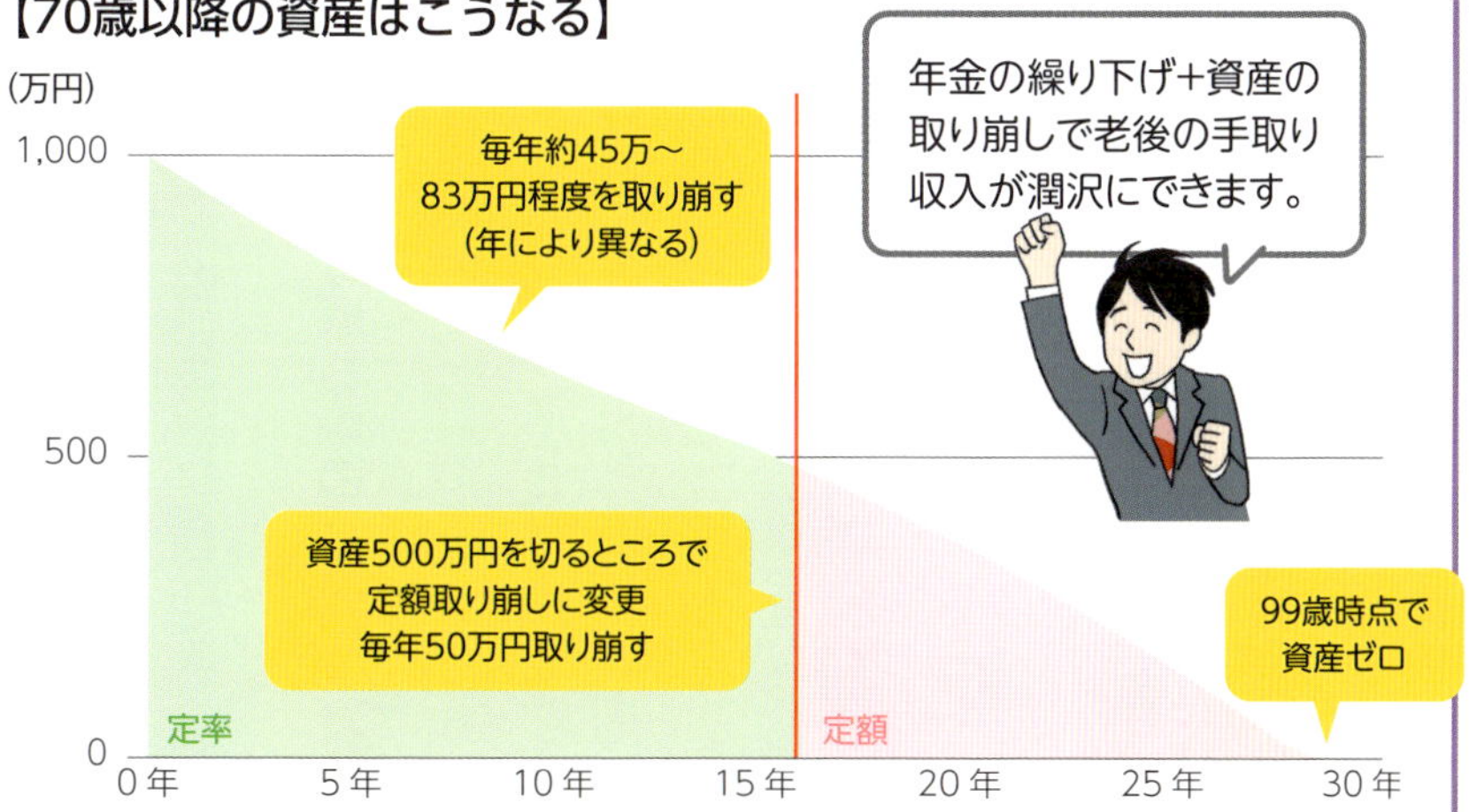
（万円）
1,000
500
0
0年
5年
10年
15年
20年
25年
30年
毎年約45万～
83万円程度を取り崩す
（年により異なる）
資産500万円を切るところで
定額取り崩しに変更
毎年50万円取り崩す
定率
定額
99歳時点で
資産ゼロ
年金の繰り下げ+資産の
取り崩しで老後の手取り
収入が潤沢にできます。

【月々の手取り収入】

	年金	CF資産の収入	資産取り崩し	合計
（前半定率）85歳まで	18万円	1.7万円	約3.8～6.9万円	約24～27万円
（後半定額）85～99歳まで	18万円	1.7万円	約4.2万円	約24万円
（取り崩し後）99歳～	18万円	1.7万円	―	19.7万円

※CF資産からの収入は切り上げで算出

TOPIC 13

慌てて売ってしまうのが一番損をする

暴落が起きたときの取り崩し戦略

資産形成期に暴落があったら？

市場はときに暴落します。暴落のときには、投資先の業績などに関係なく、大きく値下がりします。しかし、**値下がりに慌てて資産を売却するのはNG。**その後の回復の恩恵が得られなくなってしまいます。

市場はこれまでにも何度も暴落を経験してきましたが、その後おおむね3〜5年間で回復しています。資産形成期に暴落があったのであれば、ドルコスト平均法(→P48)を思い出して、**淡々と投資を続けるようにしましょう。**また、買い増しをするのもひとつの戦略で、回復したときに利益を出しやすくなります。

取り崩し中の暴落への対処法

定率取り崩し中に暴落があった場合は、**一度取り崩しを止め、資産がある程度回復してから再開する**のも手です。この間は収入が減るので、年金やCF資産からの収入だけで生活する、現預金などの安全資産を取り崩すなどの方法が考えられます。

老後後半の定額取り崩し中に暴落があると、資産が大きく減ってしまう可能性もあります。ただ、**このときには取り崩し資産もすでに半分以下になり、お金を使う機会も減ってきていると考えられます。**気にせずに取り崩しても困る事態にはなりにくいでしょう。

Memo

暴落が市場全体でなく、個別の投資先の悪化(たとえば株なら業績の悪化や配当金の停止など)によるものであれば、見切りをつけて売却し、ほかの有力な投資先に乗り換えたほうがよいでしょう。

暴落時でも運用を続けたほうがよい理由

暴落から回復するまでの期間は？

年	出来事	下落率	回復までの期間
1987年	ブラックマンデー	−34%	2年
2001年	ITバブル崩壊・同時多発テロ	−46%	6年
2008年	リーマンショック	−53%	5年
2018年	世界同時株安	−20%	1年
2020年	コロナショック	−34%	0.5年
2022年	ウクライナショック	−25%	2年

回復までの期間の目安がわかると、回復を待ちやすいですね。

暴落にどう対応する？

資産形成期

慌てて売却なんてしません。積立投資をそのまま続けます！

積立投資は安く購入できるチャンス。そのまま投資を続けて値上がりを待つ

資産取り崩し期

【老後前半】

取り崩しをいったんストップ。

年金やCF資産からのお金で生活したり、安全資産を取り崩したりして乗り切る

【老後後半】

そのまま取り崩そうかな。

資産の減りは早くなるが、そのまま取り崩してしまっても問題なし

慌てて売るのが一番ダメ！
落ち着いて対応してね！

Column

自動取り崩しサービスを活用しよう

資産の取り崩しは「前半定率・後半定額」がいいといっても、実際に自分で計算してその金額を毎月取り崩す手続きをするのは大変です。単純に売却の指示をおこなうのも手間がかかりますし、定率取り崩しはいくら取り崩すのか計算するのも面倒です。

金融機関によっては、運用している商品を決まった日に売却して取り崩してくれるサービスがあるので、ぜひ活用しましょう。

たとえば、楽天証券の「定期売却サービス」では、楽天証券で保有している投資信託を自動的に売却することができます。受取日は毎月１回、１日～28日の間で選択できます（受取日が休日の場合はその前営業日に受け取る）。受取方法には、毎月1,000円以上１円単位で定額取り崩しをおこなう「金額指定」、毎月0.1％以上0.1％単位で定率取り崩しをおこなう「定率指定」などを選ぶことができます。前半は「定率指定」、後半は「金額指定」を選べば、それだけであとは自動的に資産を取り崩すことができます。

SBI証券にも「投資信託定期売却サービス」があります。こちらも、毎月１日～27日、あるいは「月末」から受取日を指定可能。定額での取り崩しができるほか、「奇数月コース」「偶数月コース」を選択すれば奇数月・偶数月だけ取り崩すことが可能。年金の支給は偶数月なので、奇数月コースを利用すれば、資産を取り崩す月と年金をもらう月に分け、毎月収入を得るということもできます。

ただし、SBI証券には本書執筆時点では定率取り崩しのサービスがありません。SBI証券によると、2025年中にサービスが拡充され、定率取り崩しにも対応する予定とのことです。

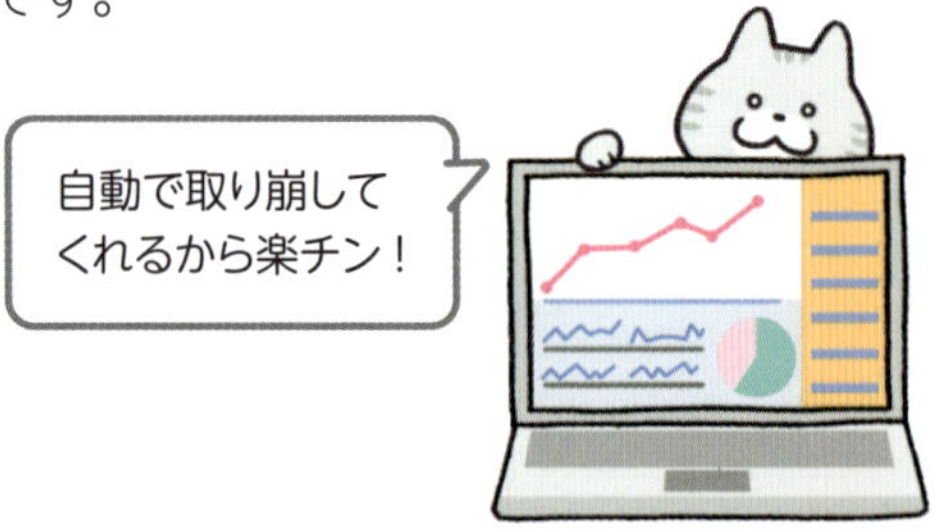

第4章

自分に合った商品が見つかるおすすめ金融資産

お金を効率的に増やしたいときに大切なのが、
どういった金融商品に投資するかです。
また、一生涯キャッシュフローを生み出してくれる
CF資産も外せません。
本章では、具体的な金融商品をおすすめ銘柄とともに
紹介していきます。

最適なCF資産が知りたい！

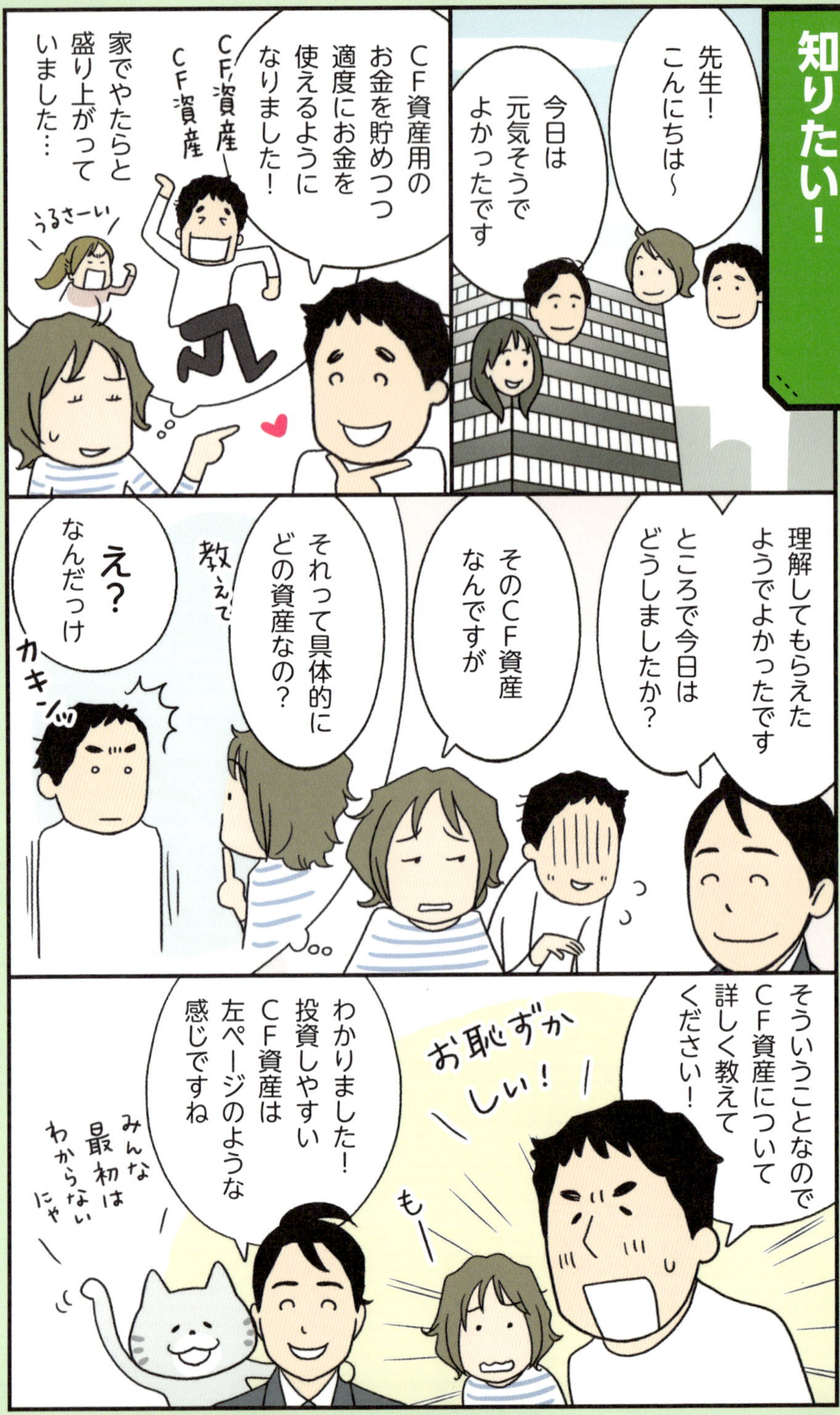

先生！こんにちは～
今日は元気そうでよかったです
CF資産用のお金を貯めつつ適度にお金を使えるようになりました！
CF資産 CF資産
うるさーい
家でやたらと盛り上がっていました…
理解してもらえたようでよかったです ところで今日はどうしましたか？
そのCF資産なんですが
それって具体的にどの資産なの？
教えて
え？なんだっけ
カキーン
そういうことなのでCF資産について詳しく教えてください！
お恥ずかしい！
もー
わかりました！投資しやすいCF資産は左ページのような感じですね
みんな最初はわからないにゃ

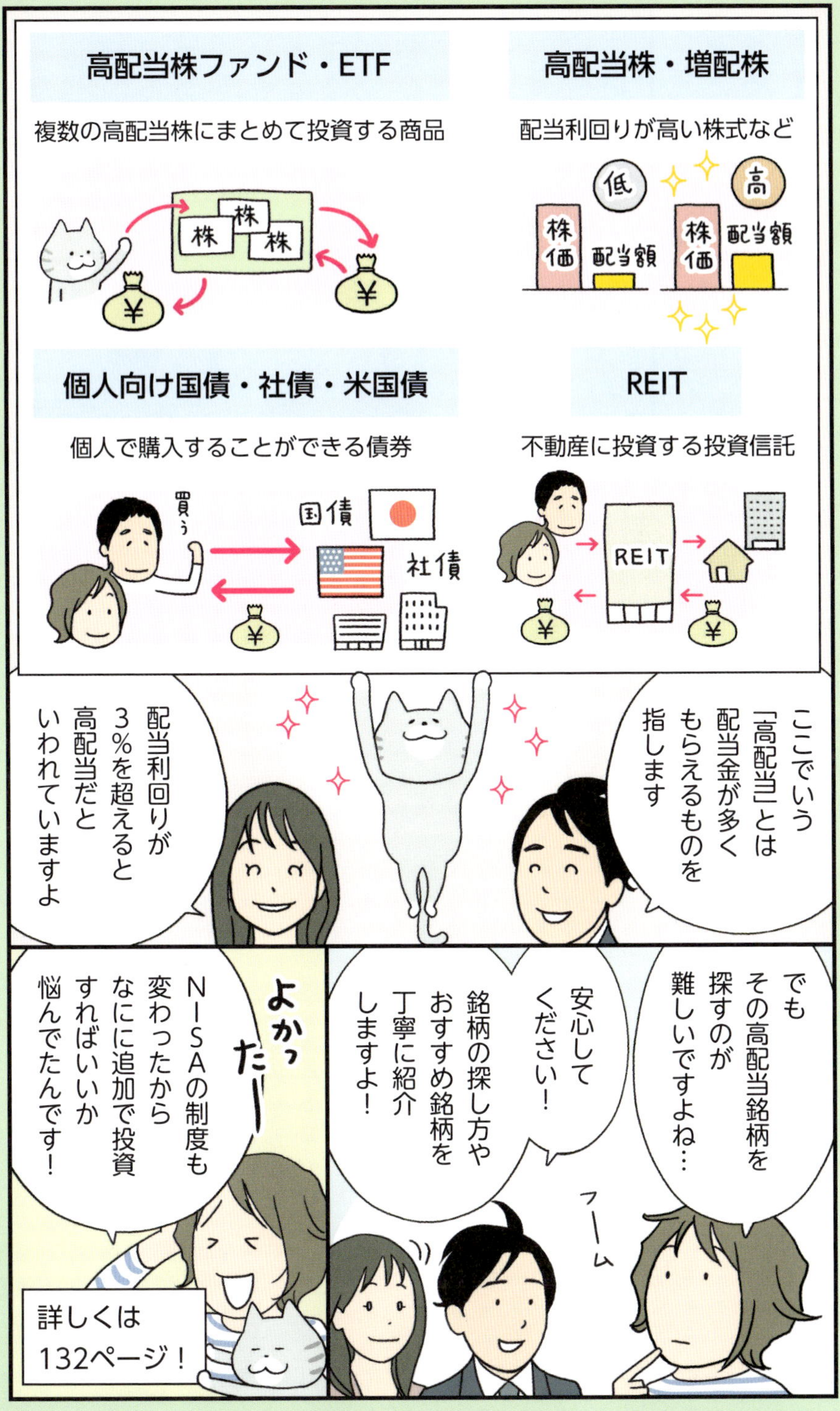

高配当株ファンド・ETF
複数の高配当株にまとめて投資する商品
株
株
株
高配当株・増配株
配当利回りが高い株式など
低
高
株価
配当額
株価
配当額
個人向け国債・社債・米国債
個人で購入することができる債券
買う
国債
社債
REIT
不動産に投資する投資信託
REIT
ここでいう「高配当」とは配当金が多くもらえるものを指します
配当利回りが3%を超えると高配当だといわれていますよ
でもその高配当銘柄を探すのが難しいですよね…
安心してください！
銘柄の探し方やおすすめ銘柄を丁寧に紹介しますよ！
フーム
よかったー
NISAの制度も変わったからなにに追加で投資すればいいか悩んでたんです！
詳しくは132ページ！

ちなみに複利効果を得られる商品をこれまで通り選べばいいんですよね？
そうですね二人ともまだ60代半ばまで資産形成をする時期なので投資元本をどんどん増やしていくといいですよ
ちょっと待て待てーい
一体どういう意味？
おいてけぼりっ
金融商品を選ぶときには「単利」と「複利」の2種類の運用益の計算方法があるんです
元本が増えてる
何年たっても元本は同じにゃ
単利
単利は元本が一定。定期的に利息が受け取れる
1年 利息 元本
2年 利息 利息 元本
3年 利息 利息 利息 元本
複利
利息が元本に加えられて、それが繰り返されることで、資産が雪だるま式に増える
1年 利息 元本
2年 利息 元本
3年 利息 元本
単利も複利もそこまで変わらないような気がするけど…？
短期間では運用益もそこまで大きく変わりませんが
長期間になればなるほどその運用益には大きく差が出てくるんです
長く持つほど増えてくのか〜
10年20年30年…
そしたら高配当株でさらに複利の金融商品を持っておけばどんどんお金持ちに…！

さらに
自分の信用力をもとにローンを借りて行う「不動産投資」もおすすめですよ
ナニ!?
それはREITってことですか?
オレ?
REIT
いえいえ!現物の不動産投資です
不動産ならローン返済後には家賃が丸ごと収入になりますからより安心して生活ができます
毎月不労所得
¥10000
できる人は信用力がある人に限られているけどね!
だよね
さらに相続税の節約にもなりますしさまざまなメリットがあるんです
まとまったお金がある場合の優良な運用先といえます
詳しくは
144ページ
CF資産も不動産も実際に運用しながら受け取るときを見据えて資産運用することが大事ってことですね
CF資産
不動産
¥
そのために知っておきたい知識がまだまだあるので一緒に勉強していきましょう!
よろしくお願いしまーす

TOPIC
01

「増やす」重視か、「受け取り」重視か
金融商品には「単利」と「複利」がある

単利と複利では増え方が異なる

運用益の計算方法には、利息や運用益を元本に組み入れないで計算する「単利」と、利息や運用益を元本に組み入れて計算する「複利」の2種類があります。

資産を効率よく増やすなら、複利の金融商品が向いています。 複利の商品では、利息・配当金・分配金といった運用益を再投資することで複利効果（再投資効果）が得られます。また、未実現利益があると、それも自動で再投資している状態になるので、効率よくお金が増やせます。

一方、単利の金融商品には「利息に利息がつく」はありませんが、**定期的に利息が受け取れ、生活にあてられます。**

新ＮＩＳＡで非課税の資産を得る

左図が利息・配当金・分配金を定期的に受け取れるＣＦ資産です。ＣＦ資産によって目安となる金利・配当利回り・分配金利回りとリスク（→Ｐ１１８）が異なります。

優先して活用するのは、**得られた値上がり益・配当金・分配金にかかる税金がゼロにできる新ＮＩＳＡ**で投資できる資産です。

新ＮＩＳＡは１人あたり１８００万円まで利用できるので、第３章で紹介した「投資資産１０００万〜１５００万円」であれば全額を新ＮＩＳＡで投資することが可能。非課税の恩恵をフル活用しましょう。

Memo

運用益には「未実現利益」も含まれています。たとえば、50万円分投資していた商品が100万円になっていた場合、売却して新たに投資し直さなくても、100万円分として投資していることと同じ状態となります。

複利を活かせるCF資産を持とう

単利と複利の金融商品

「単利」となる金融商品

- 変動10年国債
- 貸付投資サービス「Funds（ファンズ）」
- 個人向け社債
- 米国債（利付債）

「複利」を活かせる金融商品

- 定期預金
- 米国債（ストリップス債）
- 投資信託
- ETF
- REIT
- 株

単利の商品は、定期的に現金で利息を受け取れるメリットがあり、複利の商品は、再投資した部分にも利息がつくので、お金を効率よく増やせるメリットがあります。

主なCF資産

資産名	利回り※の目安
変動10年国債	0.7%
国内債券ファンド・国内債券ETF	0.7～2%
個人向け社債・Funds	1～3%
米国利付債	4～4.5%
外国債券ファンド・外国債券ETF	1.5～5%
REIT・REITファンド・REIT ETF	4～6%
高配当株・高配当株ファンド・高配当株ETF	3～6%

※金利・配当利回り・分配金利回り（税引き前）

赤く強調しているCF資産は新NISAで投資可能です。税金をゼロにするためにもぜひ優先して活用しましょう！

TOPIC 02

自分に合った資産配分を考えよう

リスク許容度に合わせた投資先選び

自分のリスク許容度を知る

投資をする前に必ず確認しておくべきなのがリスク許容度です。リスク許容度は、「どのくらいまでの損なら耐えられるのか」をはかる指標です。リスク許容度は一般的に「収入・資産が多い」「年齢が低い」「投資経験が多い」ほど高いとされます。

ただ、いくら客観的にリスク許容度が高いと判断できても、本人が「リスクを取りたくない」と考えれば、リスク許容度は低くなります。リスク許容度の高低で良し悪しが決まるものではありません。**自分のリスク許容度を知り、それに合った資産配分を考え、投資商品を選ぶことが大切です。**

リスク・リターンはそれぞれ異なる

金融商品ごとにリスク・リターンは異なります。**リスクは値動きの大きさを指し、リスクとリターンはトレードオフの関係にあります。**現預金や国内債券のリスクは低いですが、リターンも低くなります。株式や不動産などはリスクが高くなりますが、リターンの期待は高くなります。投資信託（➡P122）は、どんな資産を組み入れているかによりリスクが変わります。

リスクの高い商品ばかり買うと値動きが大きいので、値下がりしたときに大きく資産を減らすことになるでしょう。**分散投資も意識し、投資商品を選ぶことが大切です。**

Memo

「ローリスク・ハイリターン」な商品は、残念ながらありません。もしも「元本保証でハイリターン」をうたう商品があれば、それは昨今被害が急増している「投資詐欺」です。うまい話には罠がありますのでご注意を。

自分のリスク許容度はどのくらい？

リスク許容度のイメージ

リスク許容度　「自分が損にどのくらい耐えられるか」を示した度合い

低 ←　リスク許容度　→ 高

安全性重視の資産配分		収益性重視の資産配分
少ない	← 収入 →	多い
少ない	← 資産 →	多い
高い	← 年齢 →	低い
ない	← 投資経験 →	ある
慎重	← リスクに関する考え方 →	積極的

年齢だけで「リスク許容度が低い」などと決めつける必要はありません！ また「低い」から「ダメ」ではないので、自分に合った投資戦略を考えましょう。

金融資産によってリスクとリターンが異なる

リターン（縦軸：低〜高）／リスク（横軸：低〜高）

お金が増える・減るの変動が大きい
ハイリスク・ハイリターン → 暗号資産、FX

投資信託　組み入れる資産によりリスクが変動する
株式
不動産
外国債券
金（ゴールド）

お金が減りにくいが増えにくい
ローリスク・ローリターン → 現預金、国内債券

リスク許容度に合った資産配分を考え、金融商品を選ぼう！

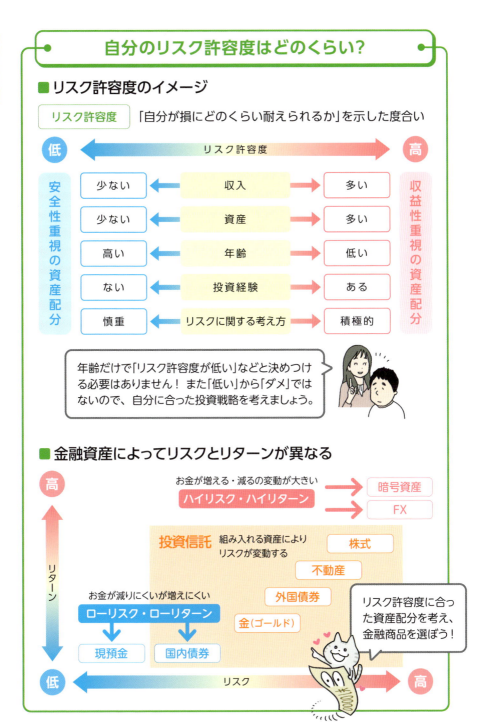

TOPIC 03

現金としていくら持っておけばいい？

すべてを投資にまわすのは危険！

現金と運用資産の割合を表す120

資産のすべてを投資にまわすと、値下がりしたときに大きく資産が減ってしまいます。第3章で解説した通り「Ｃａｓｈ ｉｓ Ｋｉｎｇ」ですから、現預金など無リスク資産を一定金額残しておくことが重要です。

無リスク資産とリスク資産の割合は、**「自分の年齢」と「１２０から自分の年齢を引いた数字」を対応させるのがひとつの目安。**自分の年齢が50歳であれば、無リスク資産：リスク資産の割合は50：70にします。

これまで現預金は３００〜５００万円という話をしてきましたが、**無リスク資産は１０００万円あると安心です。**すでに１０００万円以上の資産があるのであれば、１０００万円を確保し、そのうえで残りを運用資産にまわしてもよいでしょう。この割合を厳密に守る必要はありません。

退職金は半分を無リスク資産に

退職金を投資にまわすのもよいですが、全額投資はやめたほうがよいでしょう。退職金をもらう前に、無リスク資産がいくらあるかにもよりますが、**退職金は半分程度を無リスク資産にあてましょう。**

資産形成の時間がないからと慌てて一括投資するのではなく、投資タイミングを分けて投資するのがおすすめ。高値掴みを避けながら投資ができます。

用語解説

無リスク資産：値動きがなく元本保証のある資産のこと。現預金や個人向け国債（→P140）がある。反対に、株や投資信託など、値動きがある資産のことをリスク資産という。

現金と運用資産のバランスを考えよう

■無リスク資産とリスク資産の割合の目安

	無リスク資産（現預金・国債）		リスク資産（株・投資信託など）
	（自分の年齢）	：	（120 － 自分の年齢）
50歳の場合の例	50	：	70の比率で持つ
総額1,200万円の場合	500万円	：	700万円ずつ持つ
60歳の場合の例	60	：	60の比率で持つ
総額2,000万円の場合	1,000万円	：	1,000万円ずつ持つ

※一般的な「120の法則」は、保有する株と債券の割合で用いられ、現預金は別で考える。本書では、より使いやすい法則として、無リスク資産とリスク資産の割合を示すものとしてアレンジしている。

年齢が上がるにつれてリスクを抑えるイメージ！

■退職金は現預金を半分残す

すでに無リスク資産が1,000万円以上あるなら、投資金額を増やすのは問題ない

		無リスク資産		リスク資産
退職金	→	50	：	50

5〜10カ月に分けて投資

例 1,000万円 → 500万円 ： 500万円

TOPIC 04

1本でさまざまな投資先に分散投資

お金を増やす&取り崩す資産① 投資信託

インデックス型とアクティブ型

投資信託は、投資家から集めたお金をプロが代わりに運用してくれる商品です。投資先は株・債券・不動産などさまざまで、投資信託ごとに異なります（複数の資産に投資するバランス型の投資信託もある）。

なにに投資しているかでリスクとリターンが異なります。**投資信託の運用方法には、インデックス型とアクティブ型があり、**インデックス型は目標とする指数（ベンチマーク）との連動を目指す商品。アクティブ型は、ベンチマークを上回ることや、ベンチマークを設けずに「年10％超」などと絶対リターンを目指す商品です。

信託報酬の安い商品がおすすめ

一見、アクティブ型のほうが儲かりそうですが、実際は**インデックス型のほうが運用成績は優秀です。**左図の通り、運用成績が上回っているアクティブ型もありますが、あくまでも過去の運用成績が上回っていただけであり、将来の保証はありません。

また、保有中にかかる手数料「信託報酬」は、アクティブ型は年1～2％、インデックス型は年0・1～0・3％とその差は大きく、後者のほうがはるかに安いです。**低コストでありながら、十分な運用パフォーマンスが期待できるインデックス型**を選んで投資するのが無難です。

用語解説

株価指数：株式市場全体、あるいは一定の銘柄の集まり全体の値動きを表す指数のこと。たとえば日本株であれば日経平均株価やTOPIX、米国株であればNYダウやS&P500など。

投資信託のしくみと特徴

■投資信託のしくみ

投資家

↓

投資信託

投資家から集めたお金を、専門家（ファンドマネージャー）が
さまざまな投資先に投資してくれる商品

株式	債券	不動産	通貨	商品

投資先の国も国内より先進国、先進国より新興国のほうがリスクが高くなります。

■インデックス型とアクティブ型の違い

	インデックス型	アクティブ型
運用手法	指数と連動した 値動きを目指す	指数を上回る 運用成果を目指す
値動きのイメージ	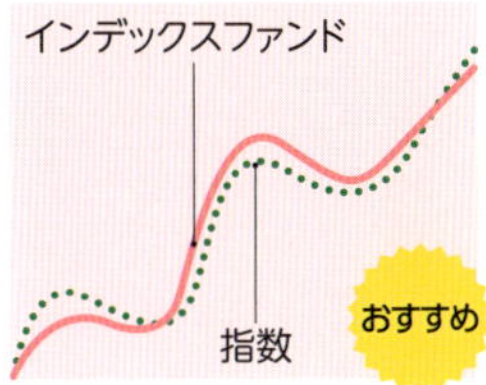インデックスファンド 指数 おすすめ	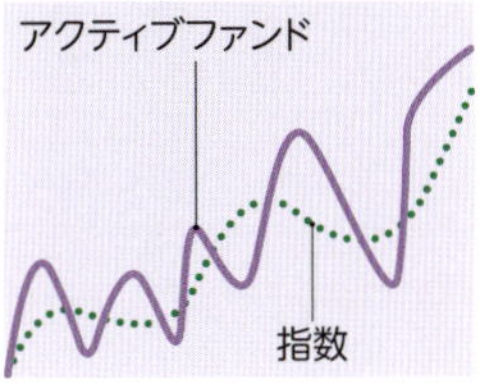アクティブファンド 指数
商品（ファンド）ごとの 運用成績	同じ指数に連動する ものなら運用成績に あまり差がない	商品による差が 大きい
コスト（信託報酬）	年0.1〜0.3%	年1〜2%

■市場平均の株価指数に勝てなかったアクティブ型の割合

ファンド・カテゴリー	比較指数	5年（%）	10年（%）	15年（%）
日本大型株ファンド	S&P/TOPIX 150指数	88.63	87.30	84.91
グローバル株式ファンド	S&P ワールド指数	95.33	99.16	100.00
米国株式ファンド	S&P 500	90.43	91.55	91.30
新興国株式ファンド	S&P 新興国総合指数 (BMI)	91.25	100.00	100.00

「SPIVA® 日本スコアカード（2024年上半期）」より作成

TOPIC 05

株と同じように売買できる投資信託

お金を増やす＆取り崩す資産② ＥＴＦ

証券取引所に上場している投資信託

ＥＴＦは「上場投資信託」という投資信託の一種です。アクティブ型も存在しますが、ほとんどがインデックス型です。

ＥＴＦと投資信託との一番の違いは**「証券会社で株のように取引できるかどうか」**。投資信託は証券取引所に上場していませんが、ＥＴＦは証券取引所に上場しています。そのため、株と同様に市場の開いている時間にリアルタイムで売買をすることができます。

ＥＴＦは売買時に証券会社の定める手数料がかかりますが、**ＮＩＳＡでの取引なら無料にしている証券会社も多くあります。**

積立投資をするには手間がかかる

ＥＴＦ保有中にかかるコスト（経費率）は投資信託の保有中にかかる信託報酬より安いのが一般的です。

ただし、ＥＴＦを自動で積立投資するサービスは少ないため、その都度、**手動で積立投資する必要があります。**また、ＥＴＦの**分配金を自動で再投資するサービスも少ない**ので、分配金を運用したい場合は、自分で再投資しなくてはならない点に注意が必要です。

手間をかけたくない、毎月一定金額を積み立てたいという場合は、投資信託を活用するのがベターでしょう。

用語解説

成行（注文）・指値（注文）：株やETFの注文方法のひとつ。成行は注文が成立しやすいが価格が決まっていないので、思ったより高く買う（安く売る）ことがある。指値は決めた価格で取引できるが売買が成立しないことがある。

投資信託とETFはどう違う?

投資信託とETFの主な特徴

	投資信託 (インデックスファンド)	ETF
販売会社	取り扱い証券会社、銀行など	証券会社
取引価格	1日1回算出される基準価額	市場価格
取引可能時間	販売会社が決める時間	取引所立会時間(リアルタイム)
発注方法	成行/指値はできない	成行/指値
購入時手数料	かからないもの (ノーロード)が多い	一般的にかかるがNISAでの取引なら かからないこともある
信託報酬	ETFより一般的に高い	インデックスファンドより 一般的に安い
最低購入金額	100円から	取引価格×1取引単位 通常は1万円〜10万円程度
分配金の 自動再投資	あり	ほとんどなし ※マネックス証券「米国株定期買付サービス」が米国ETFの分配金の自動再投資に対応

いろいろなETFの分類

国別・地域別

日本・米国など国ごとの資産に投資するものや、全世界・先進国などの地域ごとに投資するものがある

業種別

IT、半導体、金融、食品など、特定の業種に投資するものがある

資産別

株・債券・不動産に加え、金(ゴールド)やエネルギーといった資源に投資するものがある

資産別のなかでも、さらに高配当株・増配株・大型株など、それぞれ資産ごとにさまざまな投資先が用意されているよ。

\ お金を効率的に増やす！ /

おすすめ投資信託・ETF

投資信託

4資産均等型　つみたて投資枠　成長投資枠　iDeCo

ニッセイ・インデックスバランスファンド（4資産均等型）

国内債券・国内株式・先進国債券・先進国株式の4資産に25％ずつ投資します。1本買うだけで、債券50％・株式50％の運用ができます。比較的リスクを抑えた運用をしたい方向きです。

設定日	2015年8月27日
基準価額	18,719円
純資産総額	729億円
信託報酬（年率）	0.154％
実質コスト	0.171％ ※1
トータルリターン	5年・年率:8.98％

全世界株　つみたて投資枠　成長投資枠　iDeCo

eMAXIS Slim 全世界株式（オール・カントリー）

日本を含む世界の先進国・新興国の株式で構成された「MSCI ACWI」という指標との連動を目指します。年0.05775％というとても安い信託報酬で、世界中の株式に分散投資できます。

設定日	2018年10月31日
基準価額	27,705円
純資産総額	5兆4,814億円
信託報酬（年率）	0.05775％
実質コスト	0.131％ ※2
トータルリターン	5年・年率:18.24％

米国株　つみたて投資枠　成長投資枠　iDeCo

eMAXIS Slim 米国株式（S&P500）

米国の代表的な株式指標のひとつ「S&P500」に連動を目指す1本。米国株式市場の時価総額の約80％をカバーしています。年0.0814％と、年0.1％を下回る超低コストで米国株に投資できます。

設定日	2018年7月3日
基準価額	33,955円
純資産総額	6兆8,779億円
信託報酬（年率）	0.0814％
実質コスト	0.104％ ※2
トータルリターン	5年・年率:22.13％

米国成長株　つみたて投資枠　成長投資枠　iDeCo

ニッセイNASDAQ100 インデックスファンド

米国の先進企業を組み入れている「NASDAQ100指数」との連動を目指す投資信託。高パフォーマンスで人気の指標に低コストで投資できます。高いリスクをとってお金を増やしたい方向きです。

設定日	2023年3月31日
基準価額	19,685円
純資産総額	2,875億円
信託報酬（年率）	0.2035％
実質コスト	0.217％ ※3
トータルリターン	1年:31.37％

※1　2022年11月22日～2023年11月20日　※2　2023年4月26日～2024年4月25日
※3　2023年9月21日～2024年9月20日

ETF

全世界株式ETF

バンガード・トータル・ワールド・ストックETF(VT)

世界中の経済成長の恩恵を得られるETF。1本買うだけで世界49カ国の大中小型株9,800銘柄に分散投資できます。それでいて経費率も0.07%と、0.1%を切る安さとなっています。純資産総額・取引高も圧倒的です。

設定日	2008年6月24日
終値	121.07ドル
純資産総額	427億ドル
経費率(年率)	0.07%
トータルリターン	10年・年率:9.83%
直近分配金利回り	2.90%

米国株ETF

バンガード・トータル・ストック・マーケットETF(VTI)

米国の大中小型株3,600銘柄に投資したのと同様の効果が得られるETF。米国株式市場の時価総額約100%をカバーできます。経費率も0.03%と破格の安さで、純資産総額・取引高も非常に多くなっています。

設定日	2001年5月24日
終値	298.60ドル
純資産総額	4,747億ドル
経費率(年率)	0.03%
トータルリターン	10年・年率:13.15%
直近分配金利回り	1.26%

米国株(S&P500)ETF

バンガード・S&P500ETF(VOO)

米国株式市場の約80%をカバーする「S&P500」に連動するETFです。米国経済の成長とともに右肩上がりで成長する期待ができます。経費率も0.03%と非常に安いうえ、純資産総額・取引高も非常に多くなっています。

設定日	2010年9月7日
終値	553.33ドル
純資産総額	6,214億ドル
経費率(年率)	0.03%
トータルリターン	10年・年率:13.71%
直近分配金利回り	1.26%

金ETF

SPDRゴールド・ミニ シェアーズ・トラスト(GLDM)

金(金地金)の価格に連動するETF。金ETFのなかで規模が大きく、超低コストで投資ができます。分配金はありませんが、株式とはまた違う値動きをみせるため、株式との分散投資で安定的にお金を増やすのに向いています。

設定日	2018年6月25日
終値	55.48ドル
純資産総額	100億ドル
経費率(年率)	0.10%
トータルリターン	5年・年率:11.22%
直近分配金利回り	ー

ETFのリターン・分配金利回りはドルベース
2025年1月31日時点

TOPIC 06

企業の発行する株を売買しよう！

お金を増やす&取り崩す資産③ 株式

株式投資で得られる3つの利益

株で得られる利益には値上がり益・配当金・株主優待の3つがあります。

値上がり益は、株を安いときに買って高いときに売った場合の差額です。なお、買ったときより値下がりしたときに売ると損失が生じます。

配当金は、企業の事業がうまくいったときに株主に支払われる利益の一部です。持っている株数に応じて受け取ることができます。

株主優待は、株主に対して送られるプレゼントのようなもので、自社製品の詰め合わせや商品券など、多岐にわたります。

個別株はどう選ぶといい？

投資先は好業績であることが大切。**過去3～5期分の売上高・営業利益と『会社四季報』（東洋経済新報社）の2期分の予想がともに右肩上がりか確認します。**加えて、記事欄の最初の見出しがポジティブで、業績予想の修正欄が「大幅増額」「増額」となっている銘柄は注目です。また、10～20年後も中長期的に拡大が見込める業界かも確認しましょう。たとえば**医療・農業・美容・健康・ヘルスケア・ゲーム・半導体**といった業界は、今後も需要が見込めます。

高配当株（→P130）を選ぶ際も同様に、これらのポイントを確認しましょう。

Memo

配当金や株主優待は、各社の定める「権利確定日」に株主名簿に登録されている人がもらえます。これに登録されるには、権利確定日の2営業日前に株を買って保有しておく必要があります。配当金や株主優待を実施していない企業もあります。

個別株を選ぶときのポイント

業績がよく、中長期的に拡大する業界かチェック

好業績？ 有力！

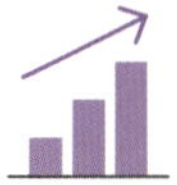

売上高・営業利益
過去3～5期分が右肩上がり
2期分の予想が伸びている

中長期的に拡大する業界？ 有力！

長く需要が見込まれる
医療・農業・美容・健康・ヘルスケア・ゲーム・半導体など

業績が右肩上がりの銘柄は、株価も右肩上がりで成長していく期待ができます。相場全体が暴落しても、下落からいち早く抜け出し、値上がりする強さを持っているのも特徴です。

『会社四季報』でチェック

財務欄
- 自己資本比率（会社のお金のうち返済不要なお金の割合）が高いか
- 営業CF（本業で得られた金額）が多いか

をチェック

業績予想の修正欄
今号と前号の営業利益予想を比較したもの
- 大幅増額 ……………… 30%以上の増額
- 増額 ……………… 5%～30%未満の増額

に注目

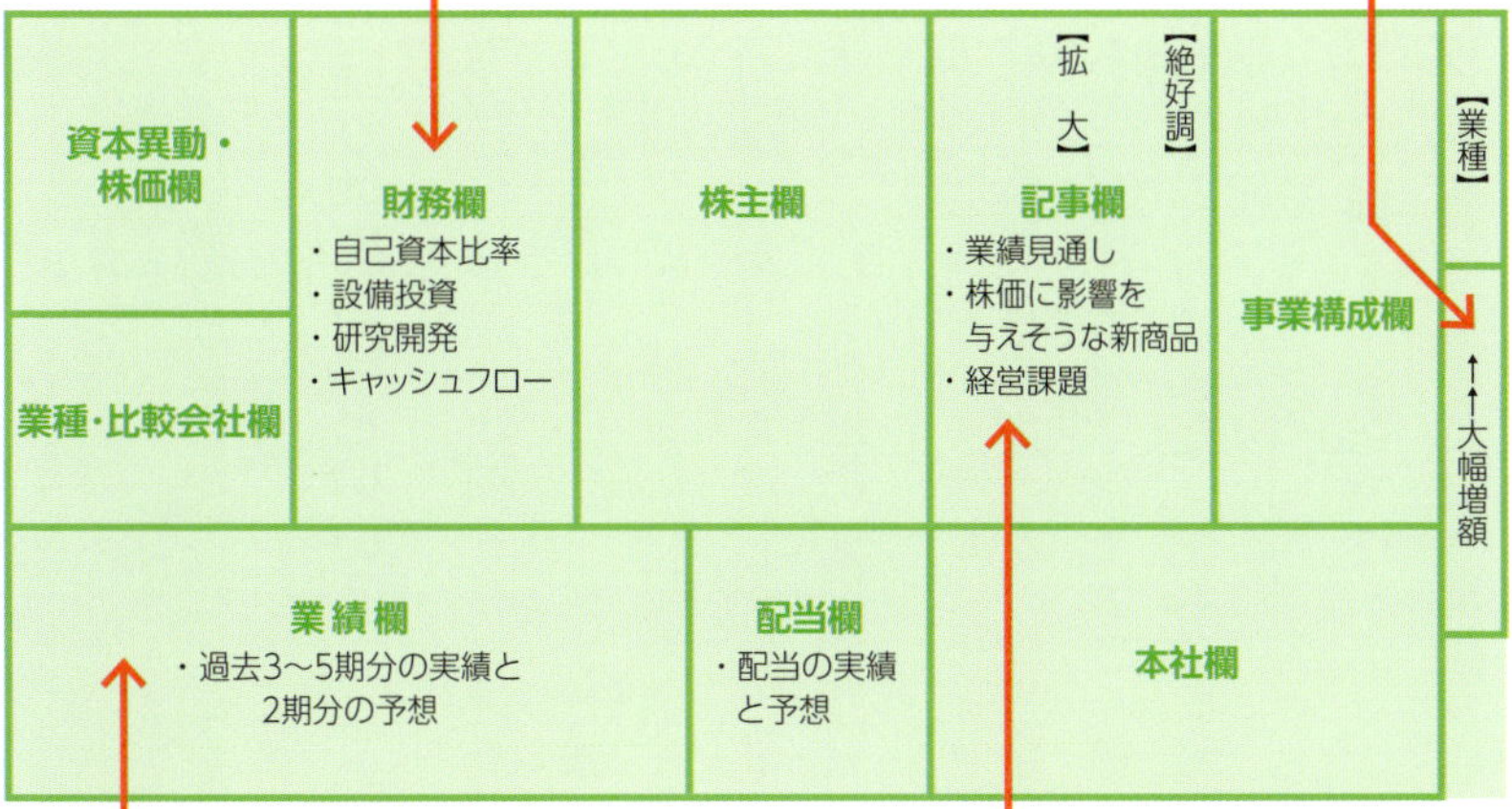

●業績欄
過去3～5期分の実績と2期分の予想
- 売上高と営業利益がともに右肩上がりか
- （高配当株）1株あたり利益・1株あたり配当が右肩上がりか

●記事欄
- **【独自増額】**…四季報の記者が取材後独自に予想を引き上げたことを指す
- **【最高益】【連続最高益】【飛躍】【絶好調】【続伸】【急伸】**は好調の証

TOPIC 07

将来の不労所得のための有力な候補！

ＣＦ資産① 高配当株・増配株

配当金がどんどん増える！

ここからは、コア資産のなかのＣＦ資産について紹介していきます。

まず配当金とは、企業が利益の一部を株主に還元するものです。株価に占める配当金の割合(配当利回り)が高い株を高配当株といい、**配当利回りが３％を超えると高配当株**だといわれます。また、配当金額を増やすことを増配といいます。株のなかには、増配をこれまでに何十年も続けている優良な連続増配株もあります。さらに、配当金の維持・増配を続ける銘柄を累進配当銘柄といいます。**累進配当を表明している企業は、今後も配当が続く安心感があります。**

配当利回りは高いほどいい？

ただ、配当利回りが高い銘柄をみつけたからといって、安易に飛びついてはいけません。配当利回りは「１株あたり配当金÷株価×１００」で計算するため、**業績が悪くて株価が下がっている銘柄の配当利回りも高くなってしまう**のです。

こうした銘柄を買ってしまうと、配当金の利益よりもその後の株価下落で大きく損をするかもしれません。また、配当金を減らす減配や、配当金を出さなくなる無配となると、いっそう損をする可能性もあります。**高配当株に投資する際には、業績がよいかを最初に確認**しましょう。

Memo

累進配当は企業の株主向けサイトにある「株主・投資家向け情報」「中期経営計画」などで表明されていることが多くあります。決算短信や決算説明会の資料などにも記載がありますので、気になる企業があればチェックしてみましょう。

高配当株と増配株でお金を増やそう!

高配当株をサクッと選ぶ3つのポイント

1 配当利回り
2%以上の銘柄をチェック
※楽天証券スーパースクリーナー2025年1月31日時点

「配当利回り2%以上」で検索すると2,163銘柄もある!

3%で検索すると「3%に近い優良株」が漏れてしまうから、2%以上で幅を持たせてチェック!

2 **「連続増配」「非減配」**でスクリーニングして業績好調な銘柄を確認

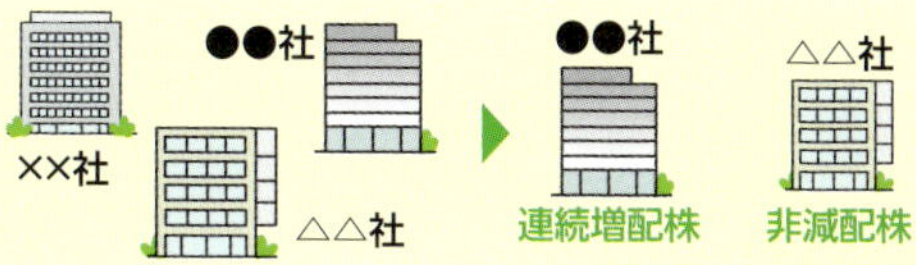
●●社
××社
△△社
●●社
連続増配株
△△社
非減配株

3 配当性向が
30〜50%の銘柄を選ぶ

△△社
90%
●●社
40%
これにしよう!

配当性向は低すぎると配当金が少なくなりますが、高すぎると企業の持続性・将来性に不安が。30〜50%を目安にしましょう。

増配によって実質的な配当利回りが上がる

増配が続けば実質配当利回り10%を超える可能性もあります!

A株
株券
数年後、
株価・配当金が倍に
A株
株券

株価:**2,000円**
配当金:40円
配当利回り:2%

株価:**4,000円**
配当金:**80円**
配当利回り:**2%**

買って
保有しておこう!

自分にとっての配当利回りは**80円÷2,000円×100=4%!**

値上がり益&高配当を狙う！

株式投資のおすすめ銘柄

日本株のおすすめ銘柄

建設・機械	コマツ(6301)	決算期	売上	営業利益
値上がり・配当期待	建設・鉱山機械などの生産・販売で世界シェア2位。連結配当性向40%以上の方針	2020/3	2兆4,448億円	2,507億円
		2021/3	2兆1,895億円	1,673億円
株価	4,736円	2022/3	2兆8,023億円	3,170億円
自己資本比率	53.8%	2023/3	3兆5,434億円	4,906億円
予想配当利回り	3.52%	2024/3	3兆8,651億円	6,071億円

リース業	三菱HCキャピタル(8593)	決算期	売上	営業利益
値上がり・配当期待	大手総合リース会社。配当金を25年連続で増配中。配当性向40%以上を掲げる	2020/3	9,237億円	918億円
		2021/3	9,476億円	623億円
株価	1,034.5円	2022/3	1兆7,655億円	1,140億円
自己資本比率	15.1%	2023/3	1兆8,962億円	1,387億円
予想配当利回り	3.86%	2024/3	1兆9,505億円	1,461億円

商社・卸売業	豊田通商(8015)	決算期	売上	営業利益
値上がり・配当期待	トヨタグループの総合商社。自動車や金属、機械を中心にさまざまな事業を展開	2020/3	6兆6,940億円	2,103億円
		2021/3	6兆3,093億円	2,130億円
株価	2,640.5円	2022/3	8兆280億円	2,941億円
自己資本比率	34.9%	2023/3	9兆8,485億円	3,887億円
予想配当利回り	3.78%	2024/3	10兆1,889億円	4,415億円

情報・通信	システナ(2317)	決算期	売上	営業利益
値上がり・配当期待	携帯電話向けのソフト開発・技術支援をおこなう。株価は気軽に投資しやすい価格帯	2020/3	645億円	81億円
		2021/3	608億円	80億円
株価	356円	2022/3	652億円	91億円
自己資本比率	70.5%	2023/3	745億円	98億円
予想配当利回り	3.37%	2024/3	769億円	97億円

情報・通信	NTT(9432)	決算期	売上	営業利益
配当期待	NTTグループの持株会社。グループ企業は数多くの事業を展開。業績堅調	2020/3	11兆8,994億円	1兆5,621億円
		2021/3	11兆9,439億円	1兆6,713億円
株価	152.7円	2022/3	12兆1,564億円	1兆7,685億円
自己資本比率	33.2%	2023/3	13兆1,361億円	1兆8,289億円
予想配当利回り	3.40%	2024/3	13兆3,745億円	1兆9,229億円

※日本株の自己資本比率は2024年3月末時点
2025年1月31日時点

米国株のおすすめ銘柄

医療関連	ジョンソン・エンド・ジョンソン(JNJ)	決算期	売上	営業利益
値上がり・配当期待	医薬品と医療機器を幅広く手掛け、安定的な売上を維持する米国の世界的企業	2020/12	825億ドル	164億ドル
		2021/12	937億ドル	227億ドル
株価	152.15ドル	2022/12	799億ドル	193億ドル
自己資本比率	39.3%	2023/12	851億ドル	150億ドル
予想配当利回り	3.35%	2024/12	888億ドル	166億ドル

一般消費財	プロクター・アンド・ギャンブル(PG)	決算期	売上	営業利益
値上がり・配当期待	「P&G」で知られる世界最大の日用品メーカー。連続増配が続く	2020/6	709億ドル	157億ドル
		2021/6	761億ドル	179億ドル
株価	165.99ドル	2022/6	801億ドル	178億ドル
自己資本比率	40.9%	2023/6	820億ドル	181億ドル
予想配当利回り	2.45%	2024/6	840億ドル	185億ドル

医療関連	アッヴィ(ABBV)	決算期	売上	営業利益
値上がり・配当期待	医薬品や治療薬の新規開発、研究、販売を担う。リウマチの治療薬が有名	2020/12	458億ドル	113億ドル
		2021/12	561億ドル	179億ドル
株価	183.90ドル	2022/12	580億ドル	181億ドル
自己資本比率	4.2%	2023/12	543億ドル	127億ドル
予想配当利回り	3.66%	2024/12	563億ドル	91億ドル

一般消費財	コカ・コーラ(KO)	決算期	売上	営業利益
値上がり・配当期待	コカ・コーラをはじめとする世界最大の飲料メーカー。人口増で売上拡大に期待	2019/12	372億ドル	100億ドル
		2020/12	330億ドル	89億ドル
株価	63.48ドル	2021/12	386億ドル	103億ドル
自己資本比率	24.9%	2022/12	430億ドル	109億ドル
予想配当利回り	3.13%	2023/12	457億ドル	113億ドル

電力	デューク・エナジー(DUK)	決算期	売上	営業利益
配当期待	発電・送電・配電を手掛ける電力会社。売上・営業利益ともに増加し、収益力が高い	2019/12	250億ドル	57億ドル
		2020/12	233億ドル	45億ドル
株価	111.99ドル	2021/12	246億ドル	55億ドル
自己資本比率	26.7%	2022/12	287億ドル	60億ドル
予想配当利回り	3.80%	2023/12	290億ドル	70億ドル

※米国株の自己資本比率は2024年9月末時点

TOPIC 08

CF資産② 高配当株ファンド・ETF

高配当株・増配株にまとめて投資

選ぶときのポイント

手間をかけることなく分散投資しながら、定期的に配当金を得たい場合は**「高配当株ファンド」や「高配当株ETF」に投資しましょう。**

高配当株ファンドを選ぶ際は、過去のトータルリターンと分配金利回りを見て、好調かどうかをチェック。保有中の信託報酬が安く、純資産総額が50億円以上のファンドに絞ります。

また、ETFを選ぶ際は出来高も確認しましょう。出来高が一定以上ないと、希望の価格で機動的に売買できないリスクが生じます。

高配当株ファンドの注意点

個別株とは違い、保有中に信託報酬がかかります。また、個別株同様に**値下がりしたり分配金利回りが下がったりするリスクも。**成長性より配当を重視しているため、値上がり益はあまり期待できません。

さらに、運用がうまくいかない場合、元本を取り崩して支払う元本払戻金（特別分配金）を出す可能性も。元本払戻金が出ると元本が減ってしまい、その後の値上がりの恩恵が得にくくなります。分配金に占める普通分配金の割合を示す**「分配金健全度」が高いものに絞ると、元本払戻金のない（少ない）ファンドが選べます。**

Memo

純資産総額が少ないと分散投資しにくく、ファンドが投資する際の売買手数料も割高に。さらに、途中で運用を終了する「繰上償還」のリスクも高まるので、新設のファンドを除き「純資産総額が50億円以上のファンド」が目安になります。

おすすめ高配当株ファンド・ETF5選

投資信託 SBI日本高配当株式（分配）ファンド（年4回決算型）

配当利回り水準が市場平均より高い銘柄から、企業の収益性や安定性等を勘案して30銘柄程度に投資。信託報酬が0.099%と、日本の高配当株ファンド・ETFを通して最安水準

設定日	基準価額	純資産総額	信託報酬（年率）	トータルリターン	組入銘柄の配当利回り※1	直近分配金利回り
2023/12/12	11,501円	852億円	0.099%	20.06%（設定来）	4.00%	3.63%

投資信託 Tracers日経平均高配当株50インデックス（奇数月分配型）

日経平均株価構成銘柄のなかから配当利回りの高い原則50銘柄で構成される指数に連動。信託報酬が0.10725%と日本の高配当株ファンド・ETFを通して最安水準

設定日	基準価額	純資産総額	信託報酬（年率）	トータルリターン	組入銘柄の配当利回り※1	直近分配金利回り
2024/1/31	10,980円	138億円	0.10725%	13.49%（設定来）	4.00%	1.80%

ETF NEXT FUNDS 日経平均高配当株50指数連動型上場投信（1489）

日経平均株価構成銘柄のなかから配当利回りの高い原則50銘柄で構成される指数に連動。ETFでは経費率は最安水準

設定日	取引所価格	純資産総額	経費率	トータルリターン	組入銘柄の配当利回り※	直近分配金利回り
2017/2/13	2,304円	3,279億円	0.308%	20.52%（5年・年率）	4.20%	3.34%

※　2025年1月31日時点

投資信託 SBI・V・米国高配当株式インデックス・ファンド（年4回決算型）

バンガード・米国高配当株式ETF（VYM）へ投資。信託報酬が0.1238%と米国の高配当株ファンドのなかで最安水準。人気のETFに100円から投資できる

設定日	基準価額	純資産総額	信託報酬（年率）	トータルリターン	組入銘柄の配当利回り※2	直近分配金利回り
2024/1/30	12,280円	168億円	0.1238%	24.30%（設定来）	2.91%	2.01%

投資信託 楽天・高配当株式・米国ファンド（四半期決算型）

米国の高配当利回り銘柄で構成された「シュワブ米国配当株式ETF（SCHD）」に投資。同ETFを主な投資対象とする日本初の投資信託

設定日	基準価額	純資産総額	信託報酬（年率）	トータルリターン	組入銘柄の配当利回り※2	直近分配金利回り
2024/9/18	10,889円	1,243億円	0.192%	9.40%（設定来）	3.80%	—

※1　2024年12月30日時点　※2　ドルベース　2025年1月31日時点

TOPIC 09

安定した家賃収入に期待！
CF資産③ REIT

利益の90％が還元される

REITは不動産に投資する投資信託。多くの投資家から集めた資金でオフィスビルや商業施設、ホテルなどの不動産を購入し管理します。そして、不動産を貸したり売却したりして得た利益からコストを差し引いたお金を、投資額に応じて投資家に分配します。**REITを利用すれば少額から不動産に分散投資ができ、入居者探しや物件管理の手間もかかりません。**また売却も手軽です。

REITを保有すると、ETFと同様に分配金がもらえます。その原資は不動産の賃料収入や売却益。**一般的な投資信託とは異なり、原則、利益がそのまま投資家に分配されます。**配当可能利益の90％以上を分配した投資法人は法人税が免除される（租税特別措置法）ためです。

狙い目は物流系や倉庫系

REITの狙い目は物流系や倉庫系。**規模感が大きく、契約企業の入れ替わりが少ないため安定的**とされています。一方、住宅系やホテル系、商業施設系は客足の好不調の波があり、思うような成果をあげられないリスクが物流系と比べて高いといえます。実際、コロナ禍では物流系・倉庫系は需要が増え、住宅系やホテル系、商業施設系は苦戦するなど、明暗が分かれました。

用語解説

REIT：Real Estate Investment Trustの略称で、不動産投資信託と呼ばれることもある。投資対象は世界中の不動産である。なお、日本国内で運用されているものは、「J-REIT」と呼ばれている。

REITで手間なく不動産投資

不動産投資とREITの違い

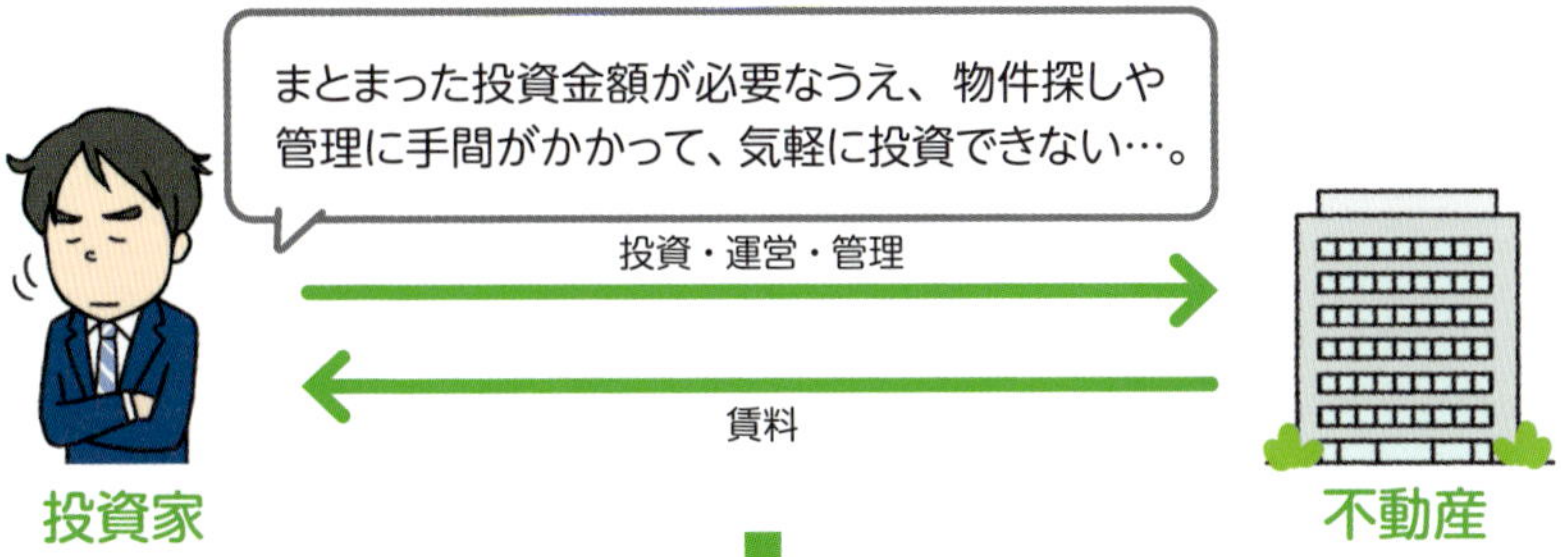
まとまった投資金額が必要なうえ、物件探しや管理に手間がかかって、気軽に投資できない…。
投資・運営・管理
賃料
投資家
不動産

REITであれば

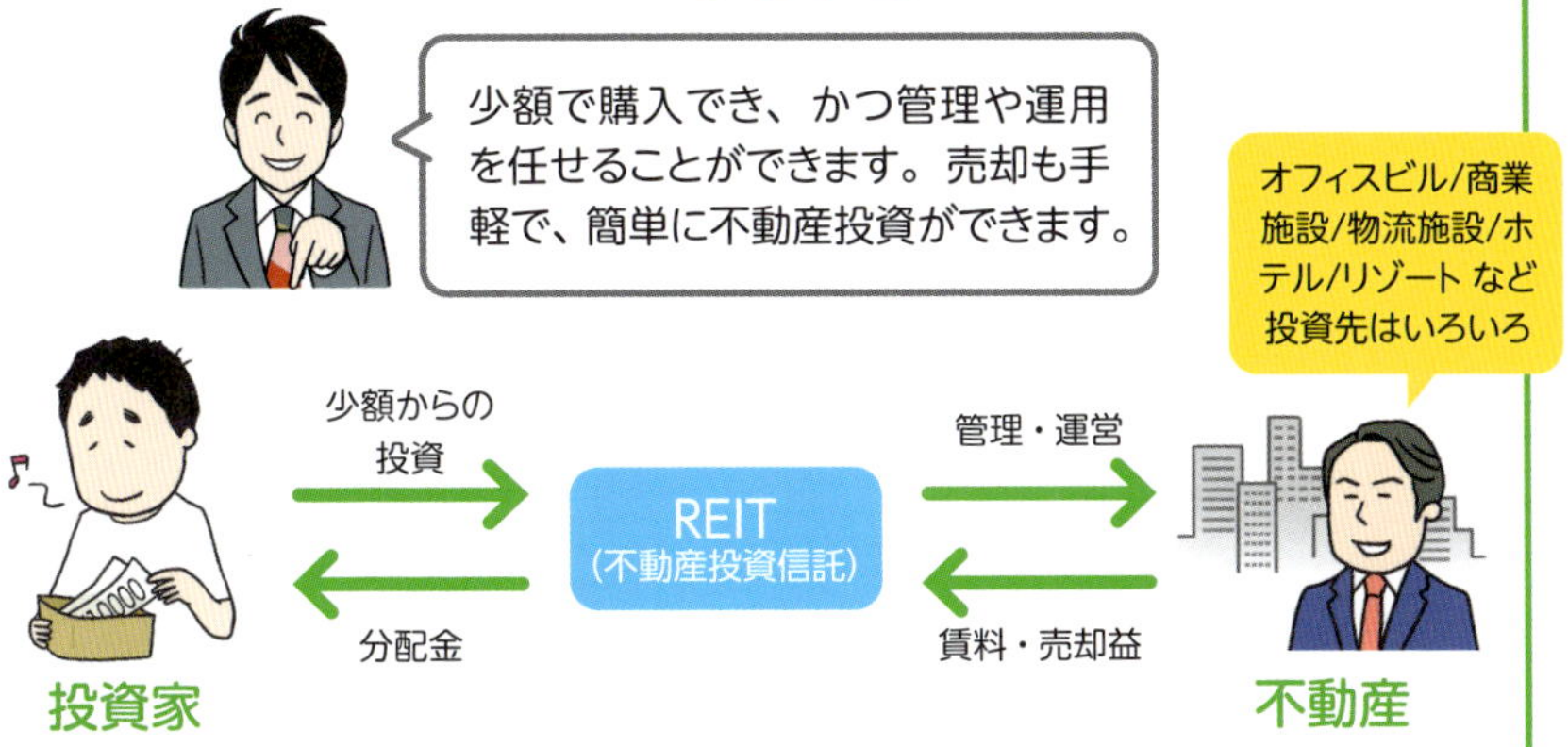
少額で購入でき、かつ管理や運用を任せることができます。売却も手軽で、簡単に不動産投資ができます。
オフィスビル/商業施設/物流施設/ホテル/リゾート など投資先はいろいろ
少額からの投資
分配金
REIT（不動産投資信託）
管理・運営
賃料・売却益
投資家
不動産

不景気に強いREITを選ぶ

景気に左右されにくい

景気
びょおおお
どっしり！
物流
倉庫

常に一定の需要があるため、
景気の動向にあまり左右されない

景気に左右されやすい

ゴオオオオオ
景気
デパート
ホテル

コロナ禍や災害時、
景気によって需要が左右されやすい

TOPIC 10

REITの上手な選び方とは？

分配金利回りや出来高に注目して選ぶ

個別REITの選び方

REITを選ぶ際には、**1年間に出る分配金を株価で割った「分配金利回り」が高いものから絞っていきましょう。** REITの場合、分配金利回りはおおよそ4～5％台が目安。2024年12月末時点のJ-REITの平均分配金利回りの平均は5・15％となっています。

加えて、**売買の成立した数量を表す出来高もチェック。** 出来高が高いほど流動性が高く、取引したいときにきちんと取引しやすくなります。格付が高いほど信用度が高く、時価総額が多いほど投資家の人気を集めていることがわかるので参考になります。

NAV倍率はREITの1口あたりの価格が純資産額の何倍なのかを表すもの。 1倍以下であれば割安と考えられます。

REITファンド・ETFも選択肢に

個別REITが選びにくい、または分散投資を踏まえながら投資したいなら、REITファンドやREIT ETFを利用する手があります。

REITファンド・ETFは複数の個別REITに投資する投資信託です。 指数に連動するものもあります。REITファンド・ETFのおすすめは左図の通り。いずれも少額から購入できて、分散投資効果を期待できます。

Memo

投資先の物件で火災が生じたり、地震や洪水などの天災にあって投資先のエリアの価値が下落したりした場合には、REITも大きく値下がりするリスクがあります。REITならではのリスクとして、押さえておきましょう。

おすすめREIT・REIT ファンド・REIT ETF

■REIT

ラサールロジポート投資法人（3466）

投資口価格	14万3,400 円
分野	物流施設
分配金利回り	5.32%
出来高	5,478口
格付	AA（JCR）
時価総額	2,676億円
NAV倍率	0.87

外資系のラサールグループが運用するREIT。大規模・高機能な物流施設を大都市圏に所有する

三井不動産ロジスティクスパーク投資法人（3471）

投資口価格	10万2,100円
分野	物流施設
分配金利回り	4.80%
出来高	9,333口
格付	AA（JCR）
時価総額	3,287億円
NAV倍率	0.83

三井不動産と伊藤忠グループが運用する物流施設REIT。首都圏の物流系不動産が7割を占める

■REITファンド

SBI・J-REIT（分配）ファンド（年4回決算型）

設定日	2024年5月8日
基準価額	9,506円
純資産総額	45億円
信託報酬	0.099%
組入銘柄の配当利回り	4.90%
直近分配金利回り	1.09%

日本のREITに投資することで高水準の配当金と中長期的な値上がり益を目指す投資信託。信託報酬が安いのがメリット

■REIT ETF

iシェアーズ・コアJリートETF（1476）

設定日	2015年10月19日
取引所価格	1,777円
純資産総額	3,439億円
経費率（年率）	0.165%
トータルリターン	-1.27（5年）
直近分配金利回り	4.50%

東証REIT指数への連動を目指すETF。日本のREIT市場に広く投資できる

高い分配金が安定的に得られるのがREITのメリット。少額から購入できて複数のREITに分散投資できるのが、REITファンドやREIT ETFです！

2025年1月31日時点

TOPIC 11

金利が上昇しつつある個人向け国債

CF資産④ 個人向け国債・社債

おすすめは「変動10年」の国債

債券とは、国や企業などがお金を借りるために発行する借用証書のようなもの。債券を購入すると定期的に利息が受け取れ、満期日になると貸したお金が戻ってきます。

国が発行している債券（国債）のなかで、**政府が個人でも買いやすくしたものを「個人向け国債」といいます。**個人向け国債を買うと、6カ月に1度利息が受け取れ、満期になると貸したお金が返ってきます。

個人向け国債には、満期までの期間と金利のタイプにより「固定3年」「固定5年」「変動10年」の3種類があります。**おすすめは半年ごとに金利が見直される「変動10年」。**今後の市場金利上昇に合わせて金利が上昇する可能性があるからです。

社債は国債よりも高金利が見込める

企業が発行する債券（社債）にも、個人が買いやすい「個人向け社債」があります。

社債の魅力は、個人向け国債よりも高い金利が見込めることにあります。格付が高いほど金利が低く、反対に低いほど金利が高くなります。ただし、発行した会社が破綻すると、元本が戻ってこない可能性があります。格付が高いからといって、「絶対に大丈夫」という保証はありません。格付はあくまでも参考にして、必ず自身で企業の安定性・成長性を確認しましょう。

用語解説

格付（信用格付）：利息や元本が受け取れるかという信用度をアルファベットや数字、記号で表したもの。日本では日本格付研究所（JCR）など、米国ではスタンダードアンドプアーズ（S&P）などの格付機関が調査・公表している。

個人向け国債の種類と特徴

■3種類ある個人向け国債

商品名	変動10年	固定5年	固定3年
満期	10年	5年	3年
金利タイプ	変動金利 半年に1度利率が見直される	固定金利 満期まで利率が変わらない	固定金利 満期まで利率が変わらない
直近の利率※	0.75%	0.77%	0.62%
金利の下限	0.05%（年率）		
利子の受け取り	半年毎に年2回		
中途換金	発行後1年経過すれば、いつでも中途換金が可能 ※中途換金の場合、直前2回分の利子（税引前）相当額が差し引かれる		
発行月	毎月（年12回）		

金利が上昇すればもらえる利息も増える

発行時点で投資の成果がわかる

これ以上は下がらない

直前2回分の利子が差し引かれるが、元本割れはしない

※2025年1月 募集分・税引前

■過去に発行された主な個人向け社債

格付が高いほど利率が低くなる傾向

会社名	債券名（愛称）	期間	利率	格付
Zホールディングス	LINE・ヤフーボンド	5年	0.76%	AA-（JCR）
カゴメ	日本の野菜で健康応援債	1年	0.20%	A（R&I）
楽天グループ	楽天モバイル債	2年	3.30%	A（JCR）
日産	サクラ［SAKURA］債	3年	1.015%	A（R&I）
ソフトバンクグループ	福岡ソフトバンクホークスボンド	7年	2.84%	A-（JCR）

TOPIC 12

ＣＦ資産⑤ 米国債

信用度が高くて金利も高い!?

「利付債」と「ストリップス債」

米国の国債（米国債）は格付が高く、世界中で活発に取引されています。そのうえ、日本の国債より金利が高くなっています。

米国債には、大きく「利付債」と「ストリップス債」の2種類があります。利付債は個人向け国債と同じく、保有中に利息が受け取れ、満期になると額面金額が戻ってくる債券です。一方、ストリップス債は、額面より割引されて販売され、満期になると額面の金額が受け取れる債券です。

ＣＦ資産として利用できるのは利付債。投資信託と違い、保有中にかかる手数料がないためコストが安いのもメリットです。

米国債に投資するファンド・ＥＴＦ

米国債などに投資するファンド・ＥＴＦもあります。いずれも高い安全性と分配金利回りが魅力で、残存期間の長い米国債に投資するiシェアーズ米国国債20年超ＥＴＦ（ＴＬＴ）は、米国株と逆の値動きをする傾向があるため分散投資に役立ちます。

米国債はＮＩＳＡで直接購入することができませんが、ファンド・ＥＴＦであればＮＩＳＡでも投資できます。ただし、**米国債は為替リスクがあります。**為替レートが円高になった場合は為替差損が生じる恐れがあり、また投資信託・ＥＴＦは保有中にコストがかかる点に注意です。

Memo

P117で触れた貸付投資サービス「Funds（ファンズ）」もおすすめ。上場企業がお金を集めるためにつくったファンドにネット経由で投資ができるサービスです。債券同様、ファンド保有中には利息が受け取れ、満期に元本が返ってきます。

米国債・米国債ETFも検討しよう

米国債の2つの種類

ストリップス債

割引で販売され、満期になると額面の金額が受け取れる

利付債

保有している間、定期的に利息が入ってくる

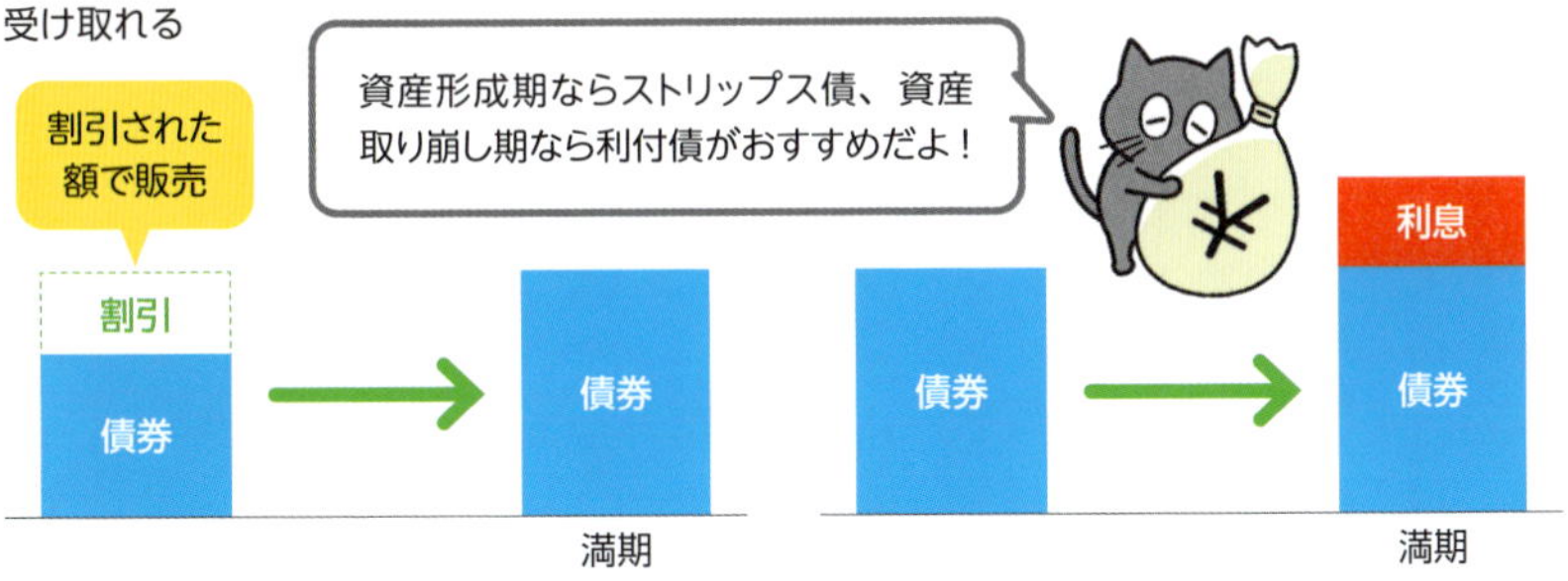
資産形成期ならストリップス債、資産取り崩し期なら利付債がおすすめだよ！
割引された額で販売
割引
債券
債券
満期
債券
利息
債券
満期

米国債のおすすめETF

iシェアーズ 米国債1-3年ETF（2620）

NISAで投資可

残存期間が1年以上3年以下の米国債に投資し、「FTSE米国債1-3年セレクト・インデックス」という指数と連動することを目指す

設定日	基準価額	純資産総額	経費率	トータルリターン	分配頻度	直近分配金利回り
2020/10/14	354.1円（取引10口単位）	190億円	0.14%	12.69%（3年・年率）	四半期	2.92%

iシェアーズ 米国債20年超ETF（2255）

NISAで投資可

残存期間が20年以上の米国債に投資し、「FTSE米国債20年超セレクト・インデックス」という指数と連動することを目指す

設定日	基準価額	純資産総額	経費率	トータルリターン	分配頻度	直近分配金利回り
2023/11/27	206.7円（取引10口単位）	57億円	0.14%	1.49%（1年）	四半期	3.28%

iシェアーズ米国国債20年超ETF（TLT）

米国の残存期間20年以上の債券に投資。毎月分配型のためNISAは利用できないが、課税口座で投資すると毎月分配金が得られる

設定日	基準価額	純資産総額	経費率	トータルリターン	分配頻度	直近分配金利回り
2002/7/22	88.34ドル	527億ドル	0.15%	-1.12%（10年・年率）	毎月	4.27%

TLTのリターン・分配利回りはドルベース

2025年1月31日時点

TOPIC 13

定年前に不動産投資をはじめよう

分散投資効果を高めつつ、不労所得を得る

家賃収入が安定して得られる

不労所得というと、不動産投資を思い浮かべる方もいるでしょう。不動産投資は購入したワンルームマンションなどの物件を人に貸し、「大家さん」になって不労所得を得るしくみです。**実物資産である不動産は、株や投資信託などの金融資産と分散投資効果があります。**また、不動産からの不労所得があれば、ここまで紹介してきたＣＦ資産への投資の必要性が低くなり、ＮＩＳＡやｉＤｅＣｏなどで築いてきた資産を使い切って死ぬことを実践しやすくなります。

さらに、**不動産は金融資産で持っておくよりも、相続税対策になります（→Ｐ１４８）。**

ローン完済すれば丸ごと収入に

不動産投資は、多くの場合ローンを組んで物件を購入します。ローン返済中は家賃が返済と相殺され、収入の足しになりません。しかし、ローンの支払いが終わると、その後の家賃は丸ごと収入になります。ですから、**現役時代にローンを組んで不動産投資をおこない、完済するのが理想です。**

定年後はお金を借りづらくなります。自費で不動産を購入することもできますが、投資金額の回収に時間がかかるうえ、すぐに現金化できないためおすすめしません。よほど資金が潤沢でない限り、定年後は金融資産に投資したほうがよいでしょう。

用語解説

実物資産：そのものにかたちと価値のある資産のこと。実物資産には、不動産（土地・建物）に加えて、貴金属、宝石、美術品などがある。インフレに強いのがメリットだが、取引・管理にはコストがかかり、現金化しにくいデメリットもある。

不動産投資のイメージ

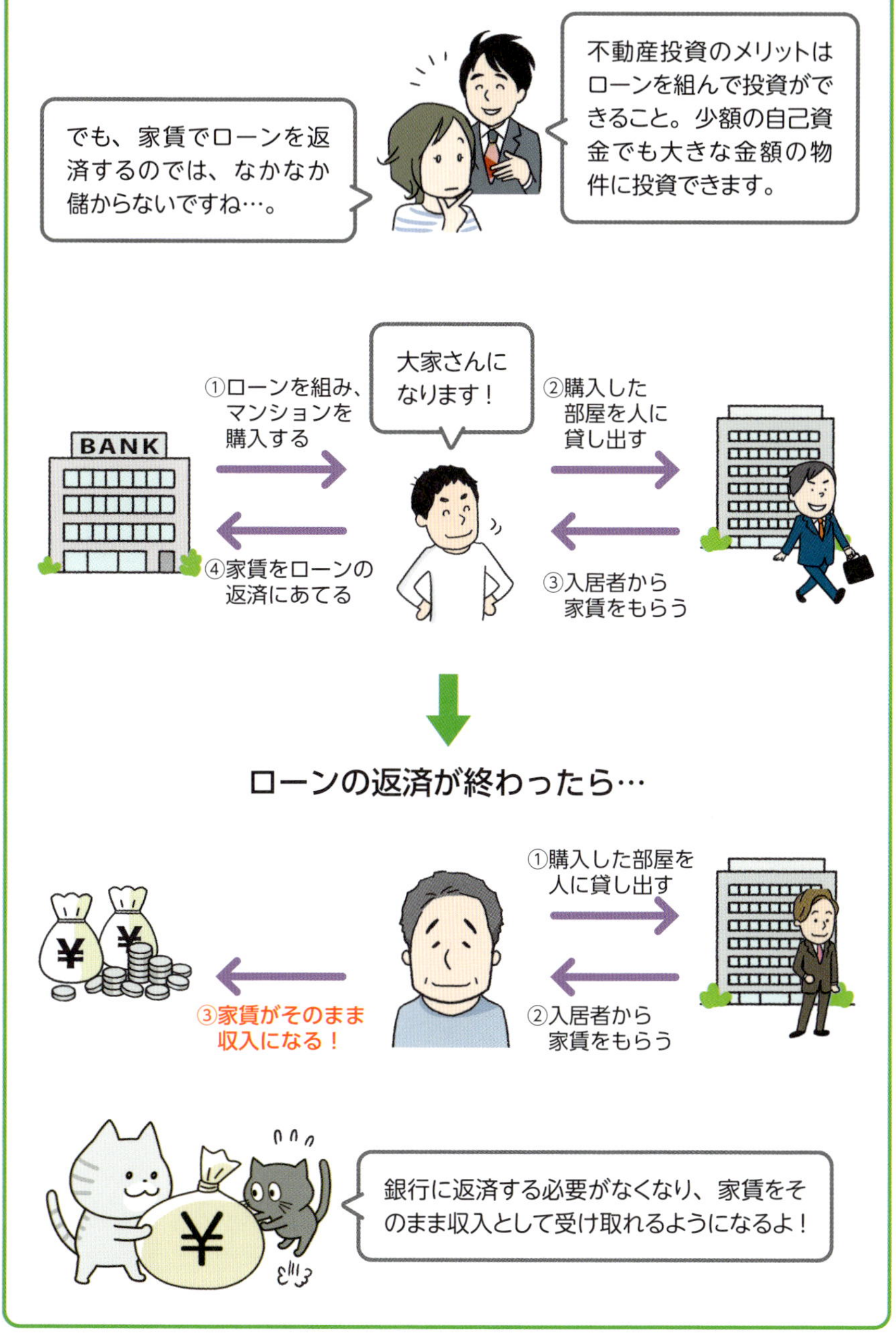
でも、家賃でローンを返済するのでは、なかなか儲からないですね…。
不動産投資のメリットはローンを組んで投資ができること。少額の自己資金でも大きな金額の物件に投資できます。
BANK
①ローンを組み、マンションを購入する
大家さんになります！
②購入した部屋を人に貸し出す
④家賃をローンの返済にあてる
③入居者から家賃をもらう
ローンの返済が終わったら…
①購入した部屋を人に貸し出す
③家賃がそのまま収入になる！
②入居者から家賃をもらう
銀行に返済する必要がなくなり、家賃をそのまま収入として受け取れるようになるよ！

TOPIC 14

新築より中古物件がベター！

不動産投資の狙い目は？

「都内中古ワンルーム」がおすすめ

不動産投資の物件選びで重要なのは、いかに安定的に居住者がつき、安定した家賃収入が長期的に入ってくるか。それを考えたときに人口減少が進む日本にあって唯一、人口や単身世帯が増えている地域が東京です。東京は人口密度が高く、長期的に賃貸需要が旺盛です。そのため、**東京の賃貸市場で人気の高いエリアや、学生が住みやすいエリア、上場企業が多いエリアなどが狙い目になります。**

東京は単身世帯が半分を占め、その比率は上昇中。今後も「おひとりさま」は増える傾向にあります。ですから**貸しやすく、売却もしやすいワンルーム物件がおすすめです。**新築はプレミアム価格が乗っていて高いため、中古物件を狙いましょう。

不動産投資は業者選びも重要

不動産投資では質のよい不動産業者をみつけることも大切です。**まずは優良な物件を扱っているかを確認。そのうえで営業担当者の質や相性もチェックします。**よく勉強していて対応が早く、いつでも親身に相談に乗ってくれる担当者がベストです。

宅建の免許番号にあるカッコの数字は、宅建免許の更新回数を示します。宅建免許の更新は5年に1度で、数字が大きいほど長く続いている業者です。

Memo

国立社会保障・人口問題研究所「人口統計資料集」によると、総世帯5,583万世帯のうち単独世帯は2,115万世帯で約38%。50歳まで結婚しない「生涯未婚率」は男28.25%、女17.81%(ともに2020年時点)で、いずれも増加傾向です。

物件選びのポイント

■賃貸需要があるエリアを選択する

賃貸市場で人気の高いエリア

・女性に人気の街が想定される
➡女性が住めれば男性も住める

学生が住みやすい、社宅・事務所利用されやすいエリア

➡日々の生活での利便性が高く、幅広いニーズがある

↓

東京23区では、中央区、千代田区、港区、文京区、豊島区、新宿区、渋谷区、目黒区、品川区などが狙い目

上場企業が集中していたり、インフラ整備の進んでいる再開発エリアがおすすめです！

東京ならどこでもいいわけではないんですね。

■質のよい不動産業者をみつける4つの基準

1 優良な物件を扱っているか

入居希望の相談がどれくらいあるかを確認。少ない場合は空室時に入居者が入りにくい可能性あり

2 営業担当者は優秀か

担当者が顧客側の視点をもっているかを確認する。営業がしつこいのはNGサイン

3 営業担当者と相性が合うか

長い付き合いになる以上、心を開いて心配事や相談などを話せる営業担当者を選ぶ

4 長年不動産業を営んでいるか

宅建の免許番号に注目。更新した回数が多いほど長年不動産業を営んでいる

大手不動産業者だけでなく、地域に根差している町の不動産屋を訪ねてみるのもおすすめです！

TOPIC 15

現金で相続するよりお得

不動産は相続税対策に役立つ

不動産のほうが相続税は少なく済む

不動産投資で購入した不動産は相続税対策にも役立ちます。

不動産が相続税対策になる理由は、相続税を計算するときの基準となる「相続税評価額」が現金で相続した場合よりも低くなるためです。

現金の相続税評価額は相続する金額と同額です。しかし、**建物や土地という形で相続すれば、相続税評価額は一定の割合を差し引いたものになります。**また、貸家・貸家建付地（貸家が立っている土地）を相続すると、相続税評価額はさらに少なくなります。

したがって、相続税評価額が少なければ、相続税も少なくなります。

家族にローンのない物件を残せる

ローンを借りて不動産投資をおこなうときには、ほとんどの場合、団体信用生命保険（団信）をつけます。

団信がついていれば、ローンを返済している人が亡くなったり、高度障害状態になったりしたときに、それ以降のローンの支払いがゼロになります。そのため、**遺族にローンの返済が済んだ物件を相続させることが可能**となります。遺族も引き続き不動産投資を続けることで、安定した家賃収入を得ることができます。

Memo

団信には、がんになるとローン支払いがゼロになる「がん団信」があり、就業不能保障特約があれば就業不能時も保障。ローン残高の半分が支払われる「がん50％保障団信」や所定の心筋梗塞・脳卒中をカバーする「三大疾病保障団信」もあります。

不動産投資で相続税が安くなる？

■相続税評価額が安くなるイメージ

現金で相続するより相続税評価額が下がるので、相続税の節税効果があるよ！

建物の相続税評価額

現金のままだと相続税評価額は3,000万円

現金
相続税評価額
3,000万円

→ 自宅を建てると −40%〜50%

建物
相続税評価額
1,500〜1,800万円

→ 貸家だと −30%

貸家
相続税評価額
1,050〜1,260万円

土地の相続税評価額

現金のままだと相続税評価額は2,000万円

現金
相続税評価額
2,000万円

→ 土地を購入すると −20%

土地
相続税評価額
1,600万円

→ 貸家が建っていると −18%

貸家建付地
相続税評価額
1,312万円

※イメージしやすくするための簡易な例です。実際は個々の不動産の状態に応じてさまざまな補正がかかり、金額が変わります

■団体信用生命保険でローンのない物件を残せる

ローン残債あり　　**ローン残債なし**

相続
団体信用生命保険があるから、なにかあっても不動産は残せる！
不動産のローンがなくなった！

Column

「やってはいけない」投資の例

高レバレッジのFX

お金を運営会社に預けると最大25倍の倍率で投資可能。うまくいけば利益は25倍だが、損失が25倍になることも。

高レバレッジのFXはハイリスク・ハイリターン！ このような投資には手を出さないのがベターだよ！

オプション付き投資信託&仕組債

よくわからないものには投資しない！ ハイリスクで手数料も高いです。

退職金運用プラン

投資信託の手数料ですでに損！

販売手数料3%

手数料＝
1,000万円×３％
＝**30万円**

信託報酬（保有中にかかる手数料）も高く設定されていることが多い

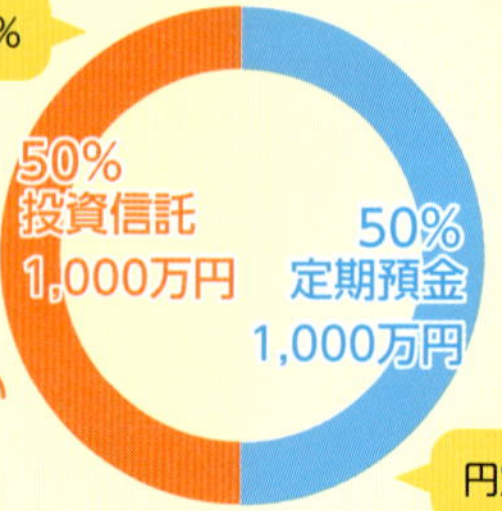

金利（３カ月分）＝
＝1,000万円×1.75%
＝**17.5万円**

満期後は金利が大幅に下がる

円定期預金3カ月ものの金利年7.0%

ローリスク・ハイリターンの商品

あなただけに絶対に儲かる未公開株や暗号資産を教えます！

暗号資産などは投資詐欺に利用されやすいよ！ 元本保証やローリスク・ハイリターンの商品は絶対にないので注意！

ファンドラップ&ロボアド

あなたの代わりに投資します。

二重で手数料がかかるうえ、任せたからといって儲かるとは限りません！ 手数料の安い商品を買うのが一番！

第5章

知っておきたい定年後のお金と働き方

いつまで働くのか、働き続けるならどういった方法で働くのか。
定年が見えてきたときに、退職金の内容や受け取り方なども含めて、
事前に考えておくのが幸せな人生をおくるためのポイント。
本章を通じて、自分なりのプランを考えてみましょう。

働き続けたほうが幸福度は高い!?

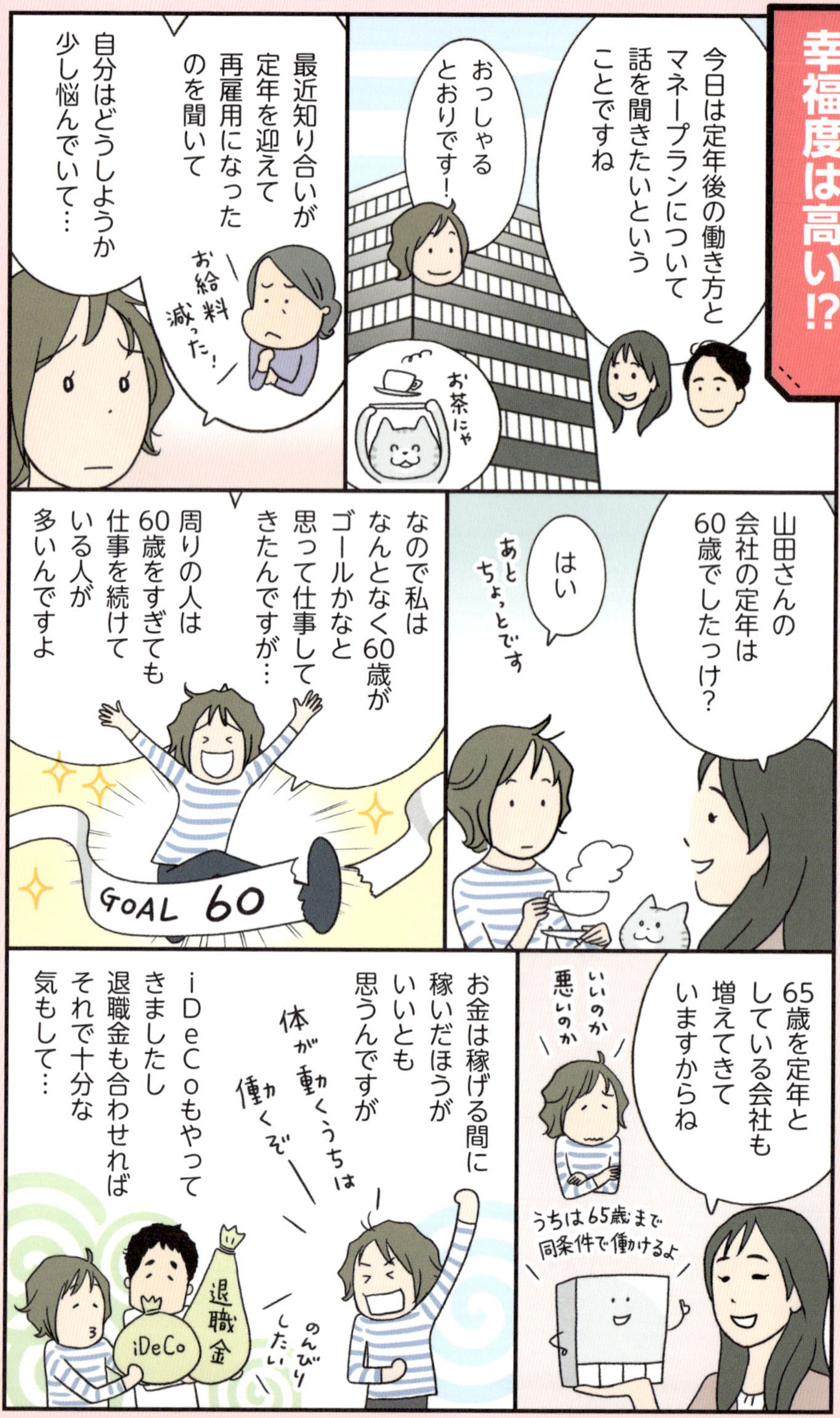

60歳前後はひとつのターニングポイントなのでいろいろ悩みますよね
60歳
働く
遊ぶ
学ぶ
寝る
ただ実は60代以降になると働くほうが幸福度が高いという調査結果があるんですよ
幸
幸
ハツラツ!
年齢が上がるにつれ仕事そのものが面白く感じたり
自分が貢献できているやりがいから仕事をするほうが幸せに感じる人も多いみたいです
役に立って幸せだなぁ
まだイケる
私も今は体力的にもうしんどいかも…
って思っているけど60歳になったら仕事やめたくないって思うのかな…
ヨレ
ヨレ
現役時代のような働き方をする必要はなく働きたい時間だけ好きな仕事をするスタイルでいいと思います
今日プレゼン
資料
今日休もー
だからこそ、定年後の働き方の選択肢は知っておくといいですよ
定年後の仕事かぁ…
なにかできることあるのかなぁ
もう力がなくて…
まだ60歳にゃん

定年後の働き方
①再雇用・再就職
同じ会社や別の会社に再び雇用される
また うちで 働いてよ
うちに来る？
②業務委託
フリーランスとして
自由を利かせながら
仕事を続ける
一気に仕事して
一気に休もう
通勤ないのも
ラクー
PC
ずっと
お好み焼き屋
やりたかった！
③個人事業主・起業
やりたいことを仕事にして
自分の裁量で働く
60代になると高収入を求める必要がなくなる人も多くなりますので
自分に合った仕事との距離感でゆとりをもって働くのもひとつの手ですね
ひなた まだ17歳
娘が大学を卒業したら学費もなくなりますし
iDeCoと退職金があればより余裕が生まれますもんね！
そういえば…さっき少し話をした知り合いの方が
退職金の受け取り方で失敗した！
って話してました
退職所得控除のことですね！

タイショクショトクコージョ？
退職金は一括で受け取る「一時金」と分割で受け取る「年金」があるんですが
実は「一時金」で受け取ったほうは退職所得控除を使えて手取り額がより多くなるんです！
一時金
年金
年金
年金
社会保険料の支払いもないのでおトク！
退職金は
もらえればなんでもいいかなぁ～
どーも
はいよ
退職金
会社
くらいしか考えていませんでしたが注意しなければいけないことがあるんですね！
そうなんです
退職金の受け取り方次第ではなんと数百万円も損をすることがあるので一緒に勉強しながらしっかり理解していきましょう！
よろしくお願いしますっ！
年金
年金
一時金
退職金

TOPIC 01

定年後は、いつまで働き続けられる?

60歳を超えてもまだまだ現役の人が多い!

60歳で退職する人は少数派

「定年＝60歳」という考え方は減りつつあります。 厚生労働省「就労条件総合調査」(2022年)によると、定年制がある企業のうち定年を60歳とする企業は72・3%、65歳とする企業は21・1%。その5年前の調査ではそれぞれ79・3%、16・4%ですから、65歳を定年とする企業は着実に増えています。**企業も希望する従業員を65歳まで雇用する義務があるうえ、70歳までの雇用の確保も努力義務となっています。**

実際、男性の約4割以上、女性の約2割以上が70歳以降も働いています。60歳で退職するという人は少数派です。

60歳以降は年収が減る現実

60歳以降は、給与が減ってしまう傾向があります。 給与所得者の平均給与は50代がピークで、高齢になるにつれて下がっていきます。男性のほうが平均給与は高い影響もありますが、60代以降の減り具合は、女性より男性のほうが急激です。

人事院「民間給与の実態」(2023年)によると、**一定の年齢に到達した人の給与を引き下げている企業は課長級で43・8%、非管理職で39・8%。** このうち課長級の29・1%、非管理職の25・7%は60歳から減額になっています。全員ではありませんが、年齢で年収が減る現実はあるのです。

Memo

パーソル総合研究所「シニア人材の就業実態や就業意識に関する調査」では、約9割の人が再雇用により「年収が下がった」と回答。半数以上の人が定年前とほぼ同様の業務をしているにもかかわらず、減額率は平均44.3%となっています。

定年後年収が減っても働いている人は多い

55歳以上の就業者の割合

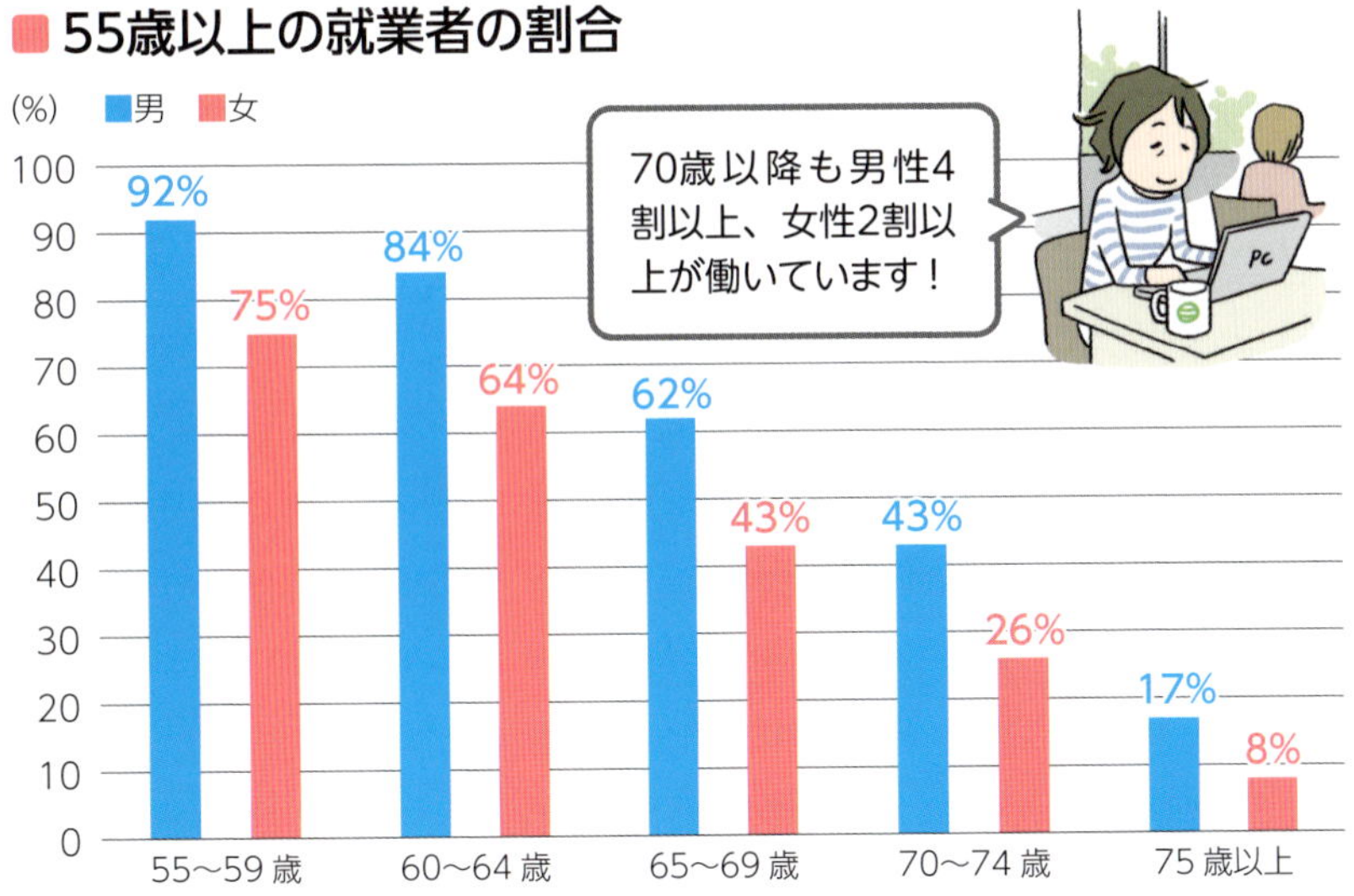
(%)
男
女
100
90
80
70
60
50
40
30
20
10
0
92%
75%
84%
64%
62%
43%
43%
26%
17%
8%
55〜59歳
60〜64歳
65〜69歳
70〜74歳
75歳以上
70歳以降も男性4割以上、女性2割以上が働いています！
PC

内閣府「令和6年版高齢社会白書」より作成

年齢階層別の平均給与

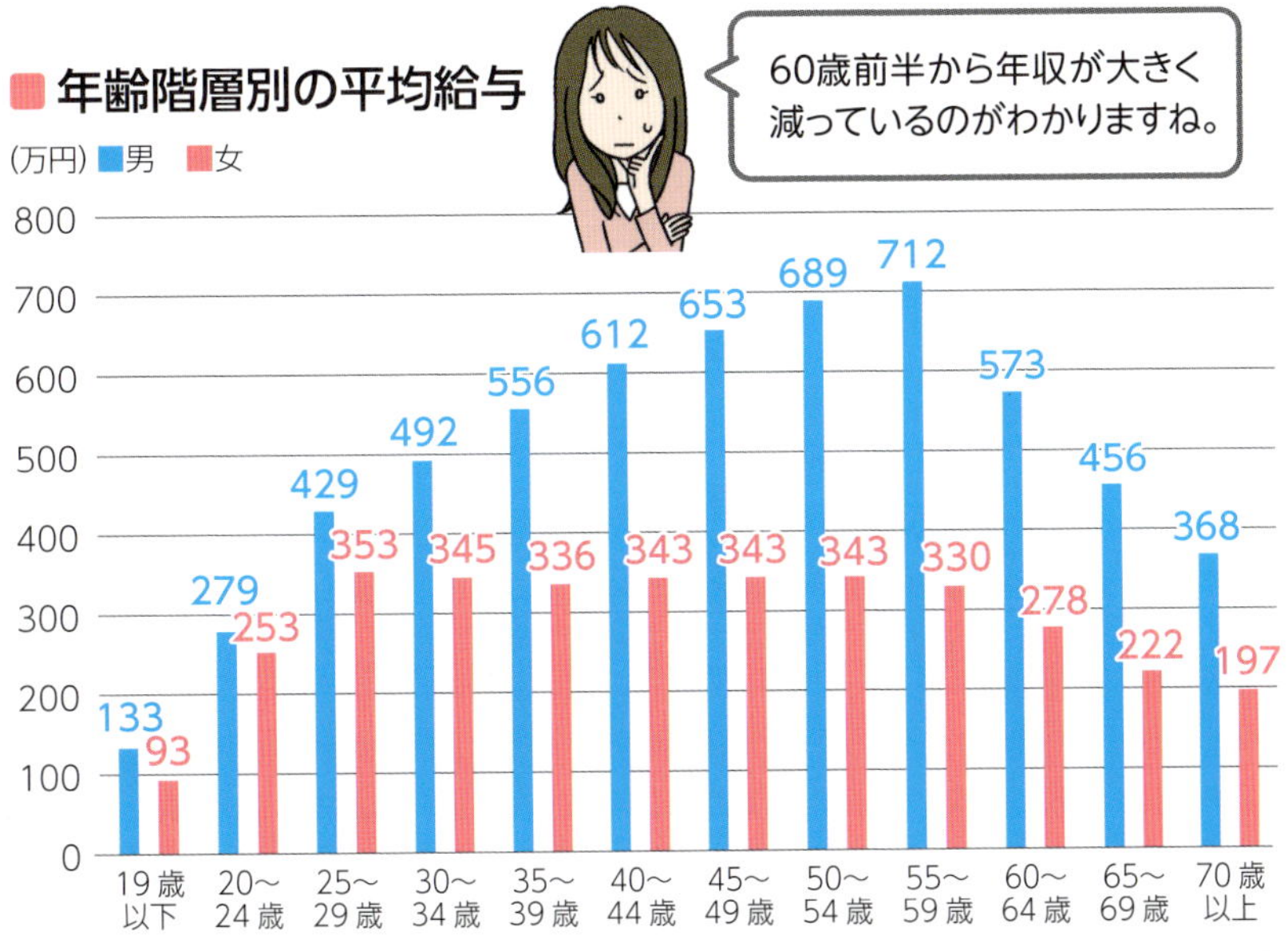
60歳前半から年収が大きく減っているのがわかりますね。
(万円)
男
女
800
700
600
500
400
300
200
100
0
133
93
279
253
429
353
492
345
556
336
612
343
653
343
689
343
712
330
573
278
456
222
368
197
19歳以下
20〜24歳
25〜29歳
30〜34歳
35〜39歳
40〜44歳
45〜49歳
50〜54歳
55〜59歳
60〜64歳
65〜69歳
70歳以上

国税庁「令和5年分民間給与実態統計調査」より作成

TOPIC 02

定年後も働くのはなんのため？

働くことが生活の充実度アップになる

働くことは生活の充実につながる

定年後はお金のためだけに働くのかといえば、違うようです。

実際に仕事をしている60代以上の方に働く理由をたずねた調査では、60代では「収入がほしいから」という回答が目立ちます。しかし、年齢を重ねると「仕事そのものが面白いから」「自分の知識・能力を生かせるから」「働くのは体によいから」「友人や仲間を得ることができるから」という回答も増えています。**仕事を生きがいにする人が増えてくるのです。**

リクルートワークス研究所の調査でも、**高齢になるにつれて、仕事や生活に満足している割合が高くなっている**ことがわかります。

働いたほうが幸福度は高い？

お金のために働いているのであれば、年収が減る60代が仕事や生活に満足している割合は減るはずです。しかし、そうなっていないということは、仕事によって生活が充実することを示しているといえます。

人生の幸福度を高めるためにも、60歳以降も働き続けたほうがベターでしょう。働くことで社会貢献ができ、幸福度を高める「健康」も「友人・仲間」も得られながら、お金まで手に入るのですから、これほど好都合なことはありません。

Memo

内閣府の「令和６年版高齢社会白書」によると、70歳以上まで働きたい人が全体の58.9%、収入のある仕事をしている者に限れば87.0%もいます。日本の高齢者は就業意欲が高いようです。

「お金がほしいから働く」は減っていく

仕事をしている理由は年齢とともに変わる!?

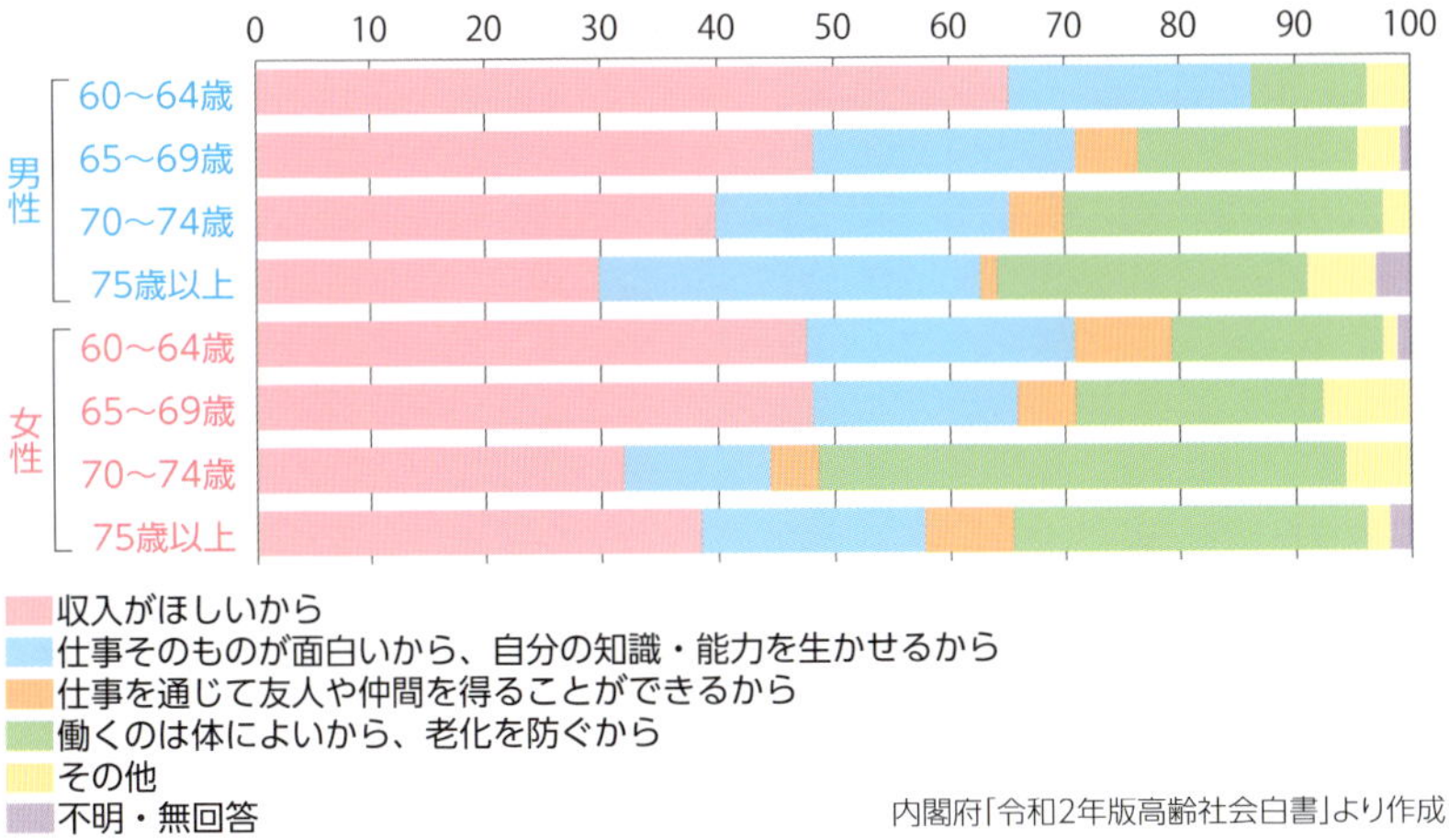
0
10
20
30
40
50
60
70
80
90
100
男性
60～64歳
65～69歳
70～74歳
75歳以上
女性
60～64歳
65～69歳
70～74歳
75歳以上
収入がほしいから
仕事そのものが面白いから、自分の知識・能力を生かせるから
仕事を通じて友人や仲間を得ることができるから
働くのは体によいから、老化を防ぐから
その他
不明・無回答

内閣府「令和2年版高齢社会白書」より作成

年齢を重ねると「収入がほしい」だけでなく仕事の楽しさや健康維持も注目されています。

男女年代別の仕事や生活に満足している割合

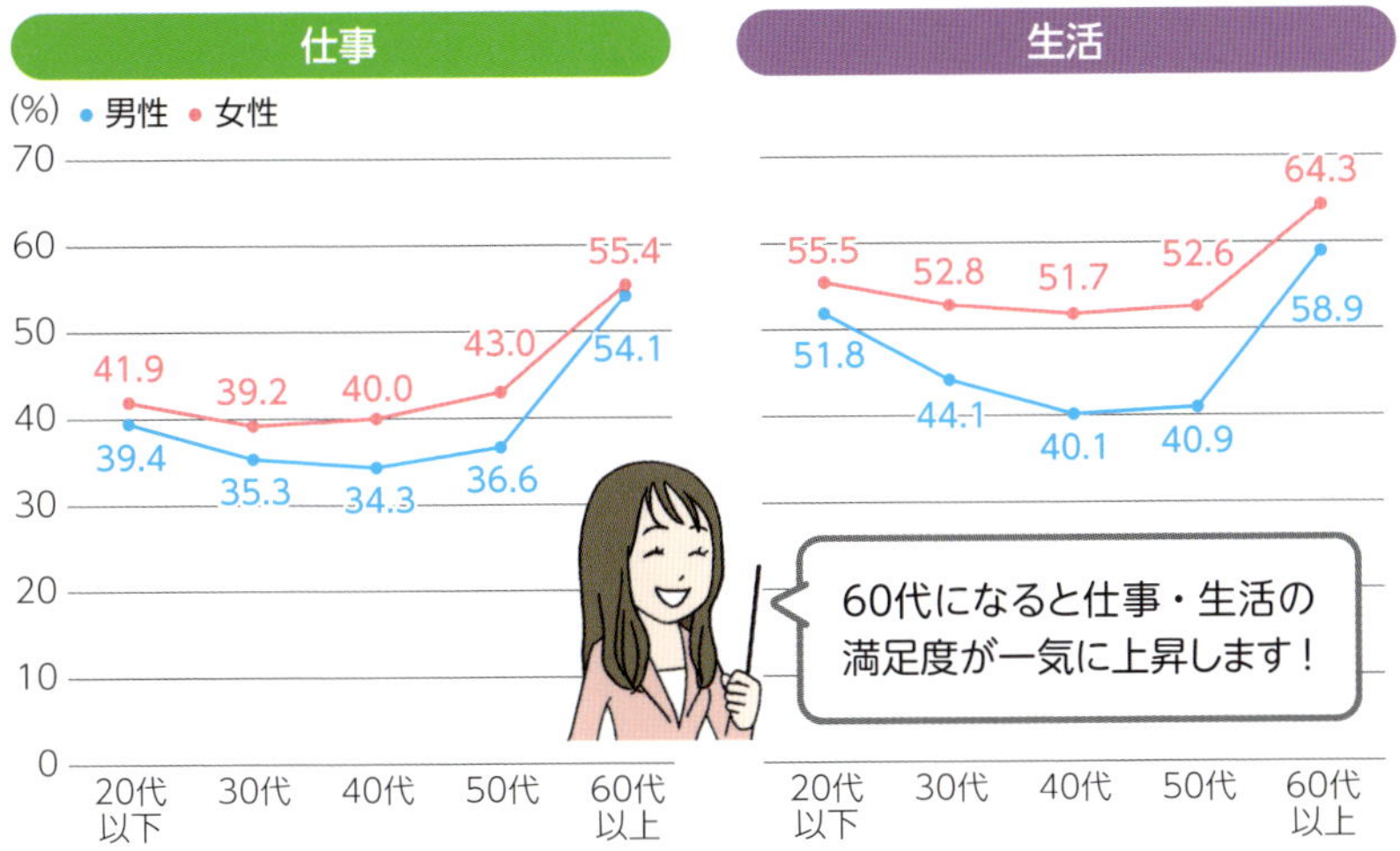
仕事
生活
(%)
● 男性 ● 女性
70
60
50
40
30
20
10
0
41.9
39.2
40.0
43.0
55.4
39.4
35.3
34.3
36.6
54.1
55.5
52.8
51.7
52.6
64.3
51.8
44.1
40.1
40.9
58.9
20代以下
30代
40代
50代
60代以上
60代になると仕事・生活の満足度が一気に上昇します！

リクルートワークス研究所「全国就業実態パネル調査（JPSED）2020」より作成

TOPIC
03

再雇用・再就職のほかにもある選択肢

定年後の3つの働き方

60代の多くが非正規社員になる

定年後の働き方には、大きく分けて**会社に勤める「再雇用・再就職」、会社に属せず働く「業務委託」、新しく事業をはじめる「個人事業主・起業」の3つ**です。もっとも多いのは同じ会社に再び雇用される再雇用。多くの場合は非正規社員になります。内閣府によれば65~69歳時点で男性67・6%、女性84・8%が非正規社員です。

別会社などに再就職し、自分の経験などを活かす道もあります。実力次第では、現役並みの収入が維持できるかもしれません。再就職を考えているなら、40代・50代から計画を立てておきましょう。

自由な働き方でやりがいも大きく

業務委託はフリーランスとなって仕事を続ける働き方。勤めていた会社などと業務委託契約を結び、仕事をおこないます。委託された業務を期日までにこなせばいいので、好きな時間や場所で稼げます。

また個人事業主として働いたり、法人化して「定年起業」したりする人もいます。やりたいことを仕事にでき、自分の裁量で働けます。いずれも再雇用・再就職と違って収入は安定しませんが、定年後は高い収入を求める必要がなくなってきているので、人生の幸福度を高めるためにも、これらの働き方を考えてみるのもありです。

Memo

freee株式会社「『起業』に関するアンケート」によると、シニアが起業したいと思っている（思った）職種は「コンサルタント業」「小売業」が13.7%で同率１位。以下「飲食業」（13.3%）「教育・学習支援」（10.0%）などが続きます。

定年後の働き方はどうする?

当たり前のスキルが他業界で重宝されることも！

前職 金融業界の経理 → 再就職 金融業界の経理 →収入横ばい

前職 金融業界の経理 → 再就職 製造業の経理 ↑収入アップ

前職 保険会社の営業 → 再就職 メーカーの営業 ↑スキル評価アップ

再就職先はハローワークで探すだけではなく、これまでの人脈を活かして探すのも手。また、これまでに得たスキルを他業界で活かすことで評価アップにつながることもあります！

業務委託・個人事業主・起業のメリット

自分の裁量で自由に働ける

好きな時間・場所で働けて、定年もない

がんばり次第で収入アップの可能性

会社勤めよりも稼げる場合も

仕事にかかった費用を経費で計上できる

税金面でも効率よく働ける可能性も

人間関係で悩むことが少なくなる

人間関係のストレスは比較的少なくできる

自分のやりたいことを仕事にできる

人生の幸福度を高める働き方ができる

定年後は高い収入を求める必要はなくなってきているので、人生の幸福度を高めるためにも、これらの働き方も検討しよう！

TOPIC 04

受け取り方で得する人と損する人

退職金には税金がかかる

受け取り方で税金が変わる

退職金にかかる所得税・住民税は、退職金の受け取り方で変わります。

退職金を一時金として受け取るときは「退職所得」。退職所得は分離課税となり、ほかの所得と区別して課税されます。退職所得に所定の税率をかけ、控除額を差し引くことで、所得税や住民税を算出します。一時金で受け取る場合は社会保険料の負担はありません。

一方、**年金で受け取る場合は「雑所得」になります。**雑所得は、ほかの所得と合わせての総合課税。雑所得に所定の税率をかけ、控除額を差し引くことで、所得税や住民税を算出します。年金で受け取る場合は社会保険料もかかります。

勤続年数は1日でも「1年」計算

退職金を一時金で受け取る際の退職所得控除額は、勤続年数で変わります。

この勤続年数は「年未満の端数」を切り上げて計算します。仮に、勤続年数がちょうど35年の場合、退職所得控除は勤続年数「35年」で計算します。一方、勤続年数が「35年と1日」の場合は「36年」で計算します。勤続年数が1年変われば、**退職所得控除額に70万円（勤続年数20年以下の場合は40万円）の差**が生じます。可能であれば退職日について勤務先に相談してみましょう。

Memo

退職金の年金受け取りでは、退職金を10〜15年間ほどの時間をかけて少しずつ受け取ります。この間、まだ受け取っていない退職金は会社が所定の運用利率で運用してくれます。そのため、退職金額面が増加するのが特徴です。

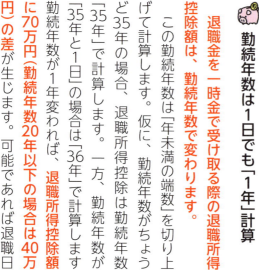

所得の種類が変わる退職金の受け取り方

一時金の場合の所得

退職所得は分離課税となり、ほかの所得とは区別して課税される

退職所得＝(退職一時金 － 退職所得控除額) × 1 / 2

※勤続年数が5年以下の場合、退職一時金から退職所得控除額を差し引いた額が300万円超のときは超えた分に1 / 2を適用できない

勤続年数	退職所得控除額
20年以下	40万円×勤続年数(80万円に満たない場合には80万円)
20年超	800万円 ＋ 70万円 ×(勤続年数 － 20年)

退職所得控除の勤続年数は「年未満の端数」を切り上げて計算します。

例)

勤続年数 35年　800万円＋70万円×(35年－20年)
＝1,850万円まで退職金非課税になる

勤続年数 35年と1日　800万円＋70万円×(36年－20年)
＝1,920万円まで退職金非課税になる

年金の場合の所得

雑所得となり、ほかの所得と合わせて総合課税
公的年金などと合わせて一定額までは公的年金等控除が受けられる

公的年金などの雑所得＝年金 － 公的年金等控除額

年金などの収入の合計 Ⓐ	公的年金等控除額	
	65歳未満	65歳以上
130万円未満	60万円	110万円
130万円以上～330万円未満	Ⓐ × 25% ＋ 27.5万円	
330万円以上～410万円未満	Ⓐ × 25% ＋ 27.5万円	
410万円以上～770万円未満	Ⓐ × 15% ＋ 68.5万円	
770万円以上～1,000万円未満	Ⓐ × 5% ＋ 145.5万円	
1,000万円以上	195.5万円	

年金の場合は
社会保険料も
かかります。

TOPIC 05

退職金で損しない方法が知りたい！

一時金と年金、どちらでもらうのが得か

手取りがもっとも多くなるのは？

退職金を「一時金」「年金」「一時金&年金」で受け取った場合のそれぞれの手取りを比較するために「1850万円を一時金で受け取った場合」「1850万円を年金で受け取った場合」「1000万円を一時金で、850万円を年金で受け取った場合」の3パターンのシミュレーション結果を左図で示しています。

収入の合計が「額面合計」、そこから税金・社会保険料を差し引いた金額が「手取り合計」です。**額面合計がもっとも多いのは「年金」です。**まだ受け取っていない年金が運用されて増えるためです。

「一時金」と「年金」の合わせ技

手取り合計がもっとも多いのは「一時金」。退職所得控除のメリットが大きいからです。よって、**退職金が退職所得控除額より少ない場合や、少しオーバーするといった場合には「一時金」がおすすめ。**

また、退職金が退職所得控除額より多ければ、退職所得控除の分までは一時金、残りは年金の**「一時金&年金」を利用すれば税金を減らし、手取りを増やせます。**

「年金」は手取りが減ってしまいますが、「まとまったお金があると無駄遣いしてしまう」という人にはおすすめ。無駄遣いを防止しつつ有効にお金を活用できます。

Memo

上記はあくまで一例で、実際には金額もさまざまで適用になる控除も人により異なります。ただ、どんなケースであっても、手取りがもっとも多くなるのは退職所得控除をフル活用できる「一時金」になるでしょう。

手取りがもっとも多くなるのは？

前提条件

- 東京都文京区在住、35年間勤続で退職金は1,850万円
- 60歳から64歳までは再雇用され年収300万円。協会けんぽに加入
- 公的年金は年180万円
- 年金（退職年金）は10年間で受け取る（予定利率1.5%）
- 所得控除は基礎控除、社会保険料控除、所得金額調整控除のみ

1 一時金で受け取り

10年間の手取りがもっとも多いのは一時金！

	収入	額面合計	税金・社会保険料	手取り合計
60歳時	退職一時金1,850万円	1,850万円	なし	1,850万円
60～64歳	給与300万円 / 年×5年間	1,500万円	5年間合計326万円	1,174万円
65～69歳	公的年金180万円 / 年×5年間	900万円	5年間合計112万円	788万円
		4,250万円		3,812万円

2 年金で受け取り

年金は額面は多いけれど手取りは少ない…。

	収入	額面合計	税金・社会保険料	手取り合計
60～64歳	給与300万円 / 年×5年間	1,500万円	5年間合計417万円	2,086万円
	退職年金200.6万円 / 年×5年間	1,003万円		
65～69歳	公的年金180万円 / 年×5年間	900万円	5年間合計339万円	1,564万円
	退職年金200.6万円 / 年×5年間	1,003万円		
		4,406万円		3,650万円

3 一時金で1,000万円+年金で850万円受け取り

	収入	額面合計	税金・社会保険料	手取り合計
60歳時	退職一時金1,000万円	1,000万円	なし	1,000万円
60～64歳	給与300万円／年×5年間	1,500万円	5年間合計343万円	1,618万円
	退職年金92.2万円／年×5年間	461万円		
65～69歳	公的年金180万円／年×5年間	900万円	5年間合計216万円	1,145万円
	退職年金92.2万円／年×5年間	461万円		
		4,322万円		3,763万円

一時金と年金の間くらいに！

TOPIC 06

iDeCoの受け取り方は退職金とそっくり iDeCoをお得に受け取る方法は？

iDeCoも受け取り方が重要

iDeCoの資産は60歳から75歳までの間に受け取りはじめるルールです。60歳以降（会社員・公務員・国民年金の任意加入者は65歳以降）は新たな掛金は出せませんが、**受け取り開始までは運用益非課税で運用できます。**

iDeCoの資産の受け取りも退職金と同様「一時金」「年金」「一時金&年金」が選択でき、一時金には退職所得控除を利用することができます。このとき、退職金の「勤続年数」をiDeCoの「加入年数」に置き換えて計算します。つまり、**iDeCoの加入年数が長いほど税金を減らす効果が大きくなります。**退職所得控除額を計算する際、勤続年数と加入年数の期間が重なっている場合は「長いほう」が採用されます。

受け取り時に手数料がかかる

iDeCoを年金で受け取る場合も、公的年金等控除が利用できます。iDeCoの資産は5～20年の期間で受け取ります。年間の受取回数は、金融機関によって異なります。

ただし、iDeCoでは資産を受け取るたびに給付手数料（多くの場合1回440円）がかかるので注意。受取期間を20年、年間の受取回数が12回だとすると、手数料の合計は10万5600円にもなります。

Memo

2023年、退職所得控除の20年超の「年70万円」の部分が20年以下と同様の「年40万円」に引き下げる話がありました。これは見送られたものの、もし今後年40万円になると、勤続年数・加入年数の長い人の税金が増える懸念があります。

iDeCoの受け取りルールを確認

退職所得控除額の計算式（原則）

勤続年数	退職所得控除額
20年以下	40万円×勤続年数（80万円に満たない場合には80万円）
20年超	800万円 ＋ 70万円 ×（勤続年数 － 20年）

※勤続年数の年未満の端数は切り上げ

iDeCoの場合は勤続年数ではなく「加入年数」を使います。

ただし 勤続年数と加入期間に重複があると
期間の長いほうで退職所得控除額を計算する

加入期間と受け取り開始年齢

50歳　60歳　70歳　75歳

	加入期間	
～50歳未満	10年以上	60～75歳の間
50～52歳未満	8年以上10年未満	61～75歳の間
52～54歳未満	6年以上8年未満	62～75歳の間
54～56歳未満	4年以上6年未満	63～75歳の間
56～58歳未満	2年以上4年未満	64～75歳の間
58～60歳未満	1カ月以上2年未満	65～75歳の間
60歳以上	加入 ⇔ 5年経過	～75歳の間

受け取り時のポイント！

- 受取期間は、5～20年の間で選択する
- 受取回数は年1回・2回・3回・6回・12回などから選択可
  金融機関によって選べる回数が異なる＆1回ごとに手数料がかかる点に注意！

iDeCoへの加入年齢が50歳以降の場合、受け取り開始年齢が段階的に遅くなるよ。

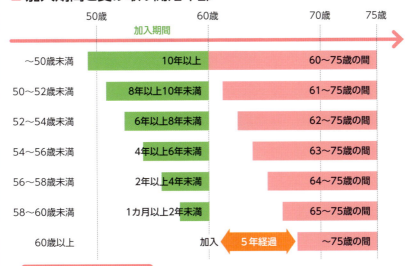

TOPIC 07

退職金とiDeCoを両方受け取れるときの戦略

iDeCoの受け取りを遅らせよう

一時金があるときの退職所得控除

退職所得控除は退職金とiDeCoの一時金を合算した金額に適用され、どちらか長いほうの勤続年数（加入年数）で計算されます。ただし、両者で合算の対象になる年数が異なります。**iDeCoは「前年から19年以内」に受け取った一時金が、退職金は「前年から4年以内」に受け取った一時金が合算対象**です。

2026年からは「9年以内」に延長される予定ですので、「60歳iDeCo→70歳退職金」の場合に、それぞれの退職所得控除が使えることになりますが、70歳以降で退職金がもらえる人はほぼいないでしょう。

なお、退職所得控除は使えなくても、「2分の1課税」は使えます。

受け取りをずらし適用税率を下げる

また60歳で退職金、61歳以降にiDeCoを受け取れば所得税率が下がり、所得税が少なくできる場合があります（左図）。iDeCoは掛金が全額所得控除できるうえ、運用益が非課税になる制度です。65歳まで続けて税制優遇を活かすのがベターです。受け取る際に一定の税負担はありますが、iDeCoを続けたほうが手取りは増える可能性は高いでしょう。**退職所得が330万円を超えるかどうかで所得税率が大きく変わるので、覚えておきましょう。**

Memo

所得税率は所得に応じて5〜45％の7段階。受け取りをずらすことで、23%→20％、20%→10%、10%→5%といった具合に適用税率が下がり、所得税を減らせる可能性があることは、ぜひ覚えておきましょう。

退職金とiDeCoの受け取り時期をずらす

試算条件

- 勤続年数……60歳時点で30年
- 加入年数……60歳時点で15年
- 退職金………60歳時点で1,800万円
- iDeCo ………60歳時点で450万円、65歳時点で650万円
  60歳以降のiDeCoの掛金は毎月2万円所得税率5％

1 退職金 iDeCo を同時に受け取る

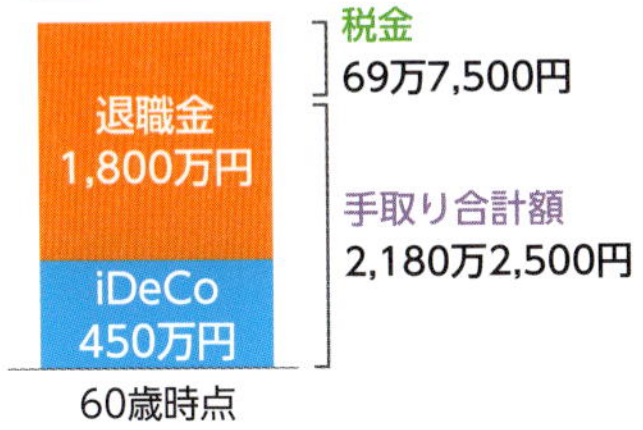
退職金
1,800万円
iDeCo
450万円
60歳時点
税金
69万7,500円
手取り合計額
2,180万2,500円

→ **税金の支払いが多く、手取りが少なくなってしまう**

同時に受け取ると所得税率が20%になっていますね。

- 退職所得：（2,250万円ー1,500万円）×1/2＝375万円
- 所得税額：375万円×20%ー42万7,500円＝32万2,500円
- 住民税額：375万円×10%＝37万5,000円

→納める税金：69万7,500円

2 先に 退職金 → 後に iDeCo を受け取る

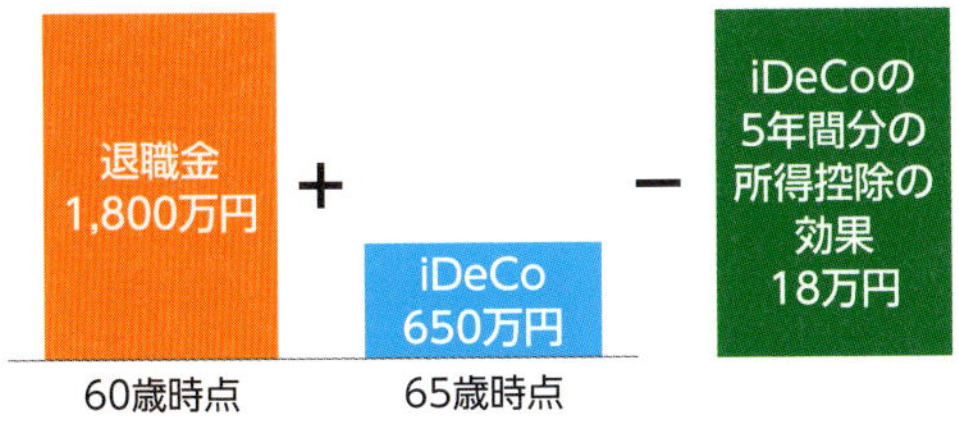
退職金
1,800万円
60歳時点
＋
iDeCo
650万円
65歳時点
ー
iDeCoの
5年間分の
所得控除の
効果
18万円

→ 税金 59万7,500円
手取り 2,390万2,500円

税金の支払いはあるものの、手取りは 1 よりも約210万円多い!

退職金

- 退職所得：（1,800万円ー1,500万円）×1/2＝150万円
- 所得税額：150万円×5%＝7万5,000円
- 住民税額：150万円×10%＝15万円

→納める税金：22万5,000円

iDeCo

退職所得：650万円×1/2＝325万円
所得税額：325万円×10%ー9万7,500円＝22万7,500円
住民税額：325万円×10%＝32万5,000円
→納める税金：55万2,500円

所得税率は5%と10%の適用に。5年間の所得控除で18万円も税金が減らせたうえ、運用継続で資産額も増えています!

Column

個人事業主vs法人 トータルコストが安いのは?

フリーランスで働く場合、個人事業主となるか、法人化するか、迷う方もいることでしょう。法人化のメリットは2つ。事業の信用が高まることと、節税につながる可能性があることです。事業の信用が高まれば、取引先が広がりますし、金融機関の融資を受けやすくなります。また、法人化すると会計・経理の面では下表のように有利といえます。ただし、法人設立には法人登記や定款の準備などが必要で、初期費用が20万〜25万円かかります。

個人事業主であれば開業届を出すだけなので初期費用はゼロ。所得が少ないうちは、法人よりも税金・社会保険料を抑えられます。

売上が1,000万円を超えてくると、法人のほうが有利になるケースが増えます。まずは個人事業主でスタートし、事業が軌道に乗ったら法人化を検討するといいでしょう。

■個人事業主と法人の会計・経理の主な違い

会計・経理	個人の確定申告	法人決算書・申告 (税理士が必要なことが多い)
かかる税金	・所得税 (5〜45%。所得が多いと増える) ・個人住民税 ・消費税 ・個人事業税	・法人税 (15〜23.2%。所得税より税率の上昇幅が少ない) ・法人住民税(赤字でもかかる) ・法人事業税 ・消費税　など
経費	事業にかかる費用は経費にできる	個人事業主よりも経費の範囲が広い (事業の費用のほか自分の給与や賞与、退職金なども経費にできる)
赤字の繰越	3年(青色申告した場合)	10年
生命保険	所得控除の対象 (年12万円まで)	契約内容によっては半額から全額を経費にできる
社会保険 (従業員分含む)	5人未満の場合、事業者負担分なし	事業者負担分あり(労使折半)

第6章

幸せになるための老後のお金

寿命が延びている現代においては、
老後の生活が数十年以上になることも多いです。
本章では、幸せな老後生活をおくるために、
認知症になる前にできるお金の対策や
お金を使い切れないときの方法などを解説していきます。

老後の幸福度を上げる方法は?

これまで先生たちにいろいろ相談してきて老後のお金についてもだいぶ安心できるようになりました
お金は貯めるだけじゃなくて使うことも大事ということが知れてよかったです!
お二人ともお金をうまく取り崩していく準備ができてきているようですね
コーヒーでーす
それでは最後にもう少し先のことについても考えてみましょうか
先のことねぇ…
ひなたも社会人になったら家を出るみたいだし…
えっ
出るの?
なんでっ
知らないよっ
バシャッ
言ってないもの
ギャー
出るのか…
そうなったらいくらかお金を渡してあげたいな…
心配すぎる…
そうね でも自分たちの老後の生活費も少し心配だし…
大丈夫よ あのコなら
熱いにゃ!
ごめんね…
もし娘さんにお金を渡す予定があるなら「生前贈与」がおすすめですよ!
え? そうなんですか?
ゴシ
ゴシ

前にもお伝えした通り若いときほどお金を使う価値は高いですから
娘さんが若いうちに資産を譲ることで娘さんの幸福度アップにもつながります！
投資
体験
将来のために貯蓄
学び
自己投資がイチバン
上手に生前贈与をすれば相続で受け取るよりも税金が安くなる可能性がありますから
取り崩しの観点でも早めの贈与は得策です！
贈与するときになにかコツってありますか？
す…少しでもよい方法を選んでやりたくて…
課税方法が2種類あるので贈与の仕方に合わせた課税方法を選ぶことがいいですね！
たとえば一度にまとめて贈与するときは「相続時精算課税」という課税方法で渡すと節税につながりますよ
制度が変わってより使いやすくなったよ！
長ーい年月
また「暦年課税」という長い時間をかけて財産を渡すときに有効な方法もあります

暦年課税がおすすめの人
長期間にわたって財産を譲渡したい
贈与の対象者が多い
非課税だしチョコチョコお金が入って嬉しい
みんなに渡したい
相続時精算課税がおすすめの人
一度にまとめて贈与したい
値上がりする可能性の高い資産がある
家
アパート
マンション
ビル
貸してる
利便性が高い
駅近
人気の場所
財産の大きさや目的によって有効な贈与方法が変わるのでぜひ活用してみてください
お金を渡すときもお得になるやり方がいろいろあるんですね
ちなみに今お住まいのご自宅はこの先どうされるんですか？
え～と…なんとなく今の家にずっと住み続けるつもりでいましたけど…
これもなにかコツが？
もちろん今の家に住み続ける選択肢もＯＫです！
娘が出ると少し広くなるかな…
クスン

一方で持ち家を手放すのも選択肢のひとつとして検討してみてもいいかもですね
えー 売っちゃうの？
今のうちにご自宅を売れば転居にともなう資金負担も少なく済みますから
郊外などへ引っ越して自由に暮らしてみるのもいいと思いますよ
田舎でのんびり暮らすのもいいねぇ〜
まだまだこの先もいろいろ考える必要がありそうで頭がクラクラしてきました…
でも決して悲観する必要はありません！
実は人生は50代から好転するという調査結果があるんです
人生これから
生きていればいいこともありますが将来を不安に感じすぎて今の生活を楽しまないのは損です！
大変なこともいろいろ
最後は人生後半の幸福度を最大化するお金の知識を勉強していきましょう！

TOPIC 01

持ち家を手放す選択も視野に入れる
終の住処はどうする？

同じ家に住むか住み替えるか

持ち家がある方は最終的に自宅をどうするのか、ぜひ検討しておきましょう。

老後も持ち家に住む人は多くいますが、数十年住んだ自宅は老朽化し、老後の生活に合わないケースも。リフォームをすれば建物を壊すことなく引き続き住むことができ、ご近所付き合いも変わりません。介護が必要になったらデイサービスを利用するようにすればよいでしょう。ただし、お金は相応にかかります。

一方で持ち家を売却し、郊外に住み替えるのもひとつの手。自宅が高く売れれば自己資金なしで住み替えることができますし、さまざまな家が選べます。転居者に家賃補助をおこなう自治体もあります。ただ、生活環境の変化に対応する必要があります。

高齢者向け施設を利用する方法も

老人ホームには介護の段階に応じ、いろいろな施設があります。公的施設と民間施設がありますが、**公的施設はすぐに枠が埋まり、入居が難しいケースが多いので、民間施設の利用が現実的。**老人ホームの費用には、入居の際に施設に払う入居一時金と、入居後に毎月支払う月額利用料があり、施設の充実度によって大きく異なります。

持ち家があっても老人ホームを選ぶ場合は、持ち家を売却または貸し出します。

Memo

自宅を売却しその家を借りる「リースバック」や、自宅を担保に生活資金を借りる「リバースモーゲージ」という手も。ただし、相場より安く売ったり、ローン金利が高かったりなどで、「絶対同じ家に住みたい」場合にしかおすすめしません。

終の住処の選択肢

同じ家に住む？　住み替える？

同じ家に住み続けたい

↓ 資金が十分ではない
↓ ・リースバックをする
・リバースモーゲージをする

↓ 資金が十分にある
↓ ・リフォームをする
・デイサービスを活用する

住み替えて自由に暮らしたい

↓ 持ち家があれば売却・貸し出しをおこなう
↓ ・郊外などへ引っ越す
↓ ・老人ホームに入居する

必ずしも「同じ家」が最善とは限りません。
終の住処のかたちを考えてみましょう。

主な高齢者向け施設と費用の目安

特別養護老人ホーム

要介護３以上の人が対象。日常生活面での介護が中心。原則、個室で看取りまで対応してくれる

入居金・敷金	月額費用
0円	5〜15万円

認知症高齢者グループホーム

要介護２以上で認知症の人が対象。
原則、個室

入居金・敷金	月額費用
0〜数十万円	10〜30万円

住宅型有料老人ホーム

介護サービスを自由に選択できる（外部の訪問事業者と契約する）ため、料金が人によって大きく異なる

入居金・敷金	月額費用
0〜数千万円	10〜20万円

軽費老人ホーム（ケアハウス）

軽費老人ホーム（A型・B型・ケアハウス）の３つに分けられる

入居金・敷金	月額費用
0〜数百万円	5〜20万円

介護医療院

比較的重度の要介護者に対して医療処置とリハビリを提供。看取りケアも実施

入居金・敷金	月額費用
0円	10〜15万円

介護つき有料老人ホーム

自立可能な人から、要介護（介護度問わず）・認知症の人まで幅広く受け入れている

入居金・敷金	月額費用
0〜数千万円	10〜30万円

サービスつき高齢者向け住宅

介護サービスを契約する「一般型」と介護度別の定額で介護サービスを受ける「介護型」がある

入居金・敷金	月額費用
0〜数千万円	10〜20万円

※サービスつき高齢者向け住宅は賃貸借方式のため、入居時は敷金を支払う

実際に見学して、費用・入居条件・医療や介護の体制・イベントの有無などを確認しましょう。

TOPIC 02

子は若いときにもらうほうがお金を有意義に使える
早めの生前贈与を検討しよう

使う価値が高いときにお金を譲る

財産を使い切らず、相続をして子に財産を残したいと考える人もいます。しかし、これまで触れてきたように、若いときのほうがお金の価値は高いので、**財産を子にあげる予定であれば、生前贈与を検討してみましょう。**

ただし、税金には注意が必要です。財産を相続するときには相続税が、贈与するときには贈与税がかかります。どちらも、相続ないし贈与する資産が多くなればなるほど税金額も多くなるのですが、亡くなってから相続するよりも、**生前に贈与したほうが税額を安くできるケースがあります。**

生前贈与の2つの課税方法

贈与税の課税方法には、贈与を受けた人１人につき年間１１０万円までの贈与が非課税の「暦年課税」と、年１１０万円の基礎控除＋２５００万円までの贈与が非課税の「相続時精算課税」があります。

暦年課税は、長い期間をかけて財産を譲渡したい人や、贈与の対象者が多い人に向いています。たとえば子が５人いるなら、１年で５５０万円を非課税で贈与できます。

相続時精算課税は、賃貸物件や値上がりしそうな財産がある人にもおすすめ。相続税は贈与時の価額で評価されるため、贈与後に値上がりした分だけで得になります。

Memo

暦年贈与で毎年一定額の贈与を受け続けると、基礎控除以上の金額を分割でもらった「連年贈与」とみなされ、贈与税がかかる恐れがあります。3～4年に1回、110万円の範囲で贈与し、贈与契約を取り交わし、銀行送金するとよいでしょう。

生前贈与を検討しよう

■暦年課税と相続時精算課税の主な特徴

	暦年課税	相続時精算課税
どんな制度？	1年間に贈与した財産の合計額に課税される制度	贈与税を抑えるかわりに相続税で税金を支払う制度
贈与者（財産をあげる人）	制限なし	60歳以上の父母、祖父母
受贈者（財産をもらう人）	制限なし	18歳以上の子ども、孫
非課税枠	年間110万円	基礎控除年間110万円＋特別控除累計2,500万円
非課税枠を超過した場合の税率	10～55%	一律20%
贈与者が亡くなった場合	亡くなる前7年※以内の贈与は相続税が加算される	贈与財産は相続税の対象となる

※2024年以降、3年から段階的に延長

暦年課税と相続時精算課税は併用できず、相続時精算課税を選ぶと暦年課税に戻せないことにも注意！

■一括贈与の場合に非課税となる特例もある

	教育資金	結婚・子育て資金	住宅取得等資金
年齢要件※1	0～29歳の子ども、孫	18～49歳の子ども、孫	18歳以上の子ども、孫
所得要件（年間合計所得※2）	受贈者1,000万円以下	受贈者1,000万円以下	受贈者2,000万円以下
1人あたりの上限	1,500万円	1,000万円	500万円～1,000万円※3
主な用途	・学校の入学金、授業料 ・学習塾の費用　など	・婚礼費用、新居の費用 ・不妊治療、出産費用 ・育児費用　など	・住宅の新築、取得 ・住宅の増改築　など

※1 対象条件や例外も多いので、申請前に要確認
※2 事業所得、給与所得、配当所得、不動産所得などの所得金額を合計した金額
※3 住宅取得資金は、省エネ等住宅の場合は1,000万円まで、それ以外は500万円まで非課税になる

暦年課税がおすすめの人

・長期にわたって財産を譲渡したい
・贈与の対象者が多い

相続時精算課税がおすすめの人

・一度にまとめて贈与したい
・値上がりする可能性の高い資産がある

TOPIC

03

認知症や病気になっても対処できる準備をしておく

認知症対策にもなる家族信託を活用

家族信託で資産運用を継続

家族信託を利用すると、親が認知症を発症したり、重度の病気で倒れたりして財産が管理できなくなったときに、子に財産の管理や処分を任せることができます。

家族信託では、財産を相続する人を選べます。**家族信託の契約のなかで財産を継がせる人を決めることで、遺言と同様の効果が得られます。**しかも、財産を相続する子の代（次の相続）だけでなく、孫の代（次の次の相続）まで指定できます。あらかじめ、財産をどうするか決めておけば、相続時の遺産分割協議も不要に。家族間の揉めごとを減らすのにも役立ちます。

金融取引の代理人が指定できる

親が財産を管理できなくなったとき、金融取引の代理人をあらかじめ指定できる予約型代理人サービスもあります。代理人は、株・投資信託・預金などの金融資産の引き出し・売却・解約などができます。たとえば三菱UFJ銀行などのMUFGグループ3社が提供する予約型代理人サービスは、家族信託とは違い無料で利用可能。

家族信託や予約型代理人サービスを利用することで、ご自身で資産管理が難しくなったときに、第3章で解説した資産の取り崩し戦略を淡々と実施してもらうことができるので、安心です。

Memo

家族信託の手続きは非常に複雑です。個人で手続きをしようとすると大変ですし、トラブルのもとですので、司法書士などの専門家に相談することをおすすめします。

親の財産を管理できる2つのしくみ

■家族信託のイメージ

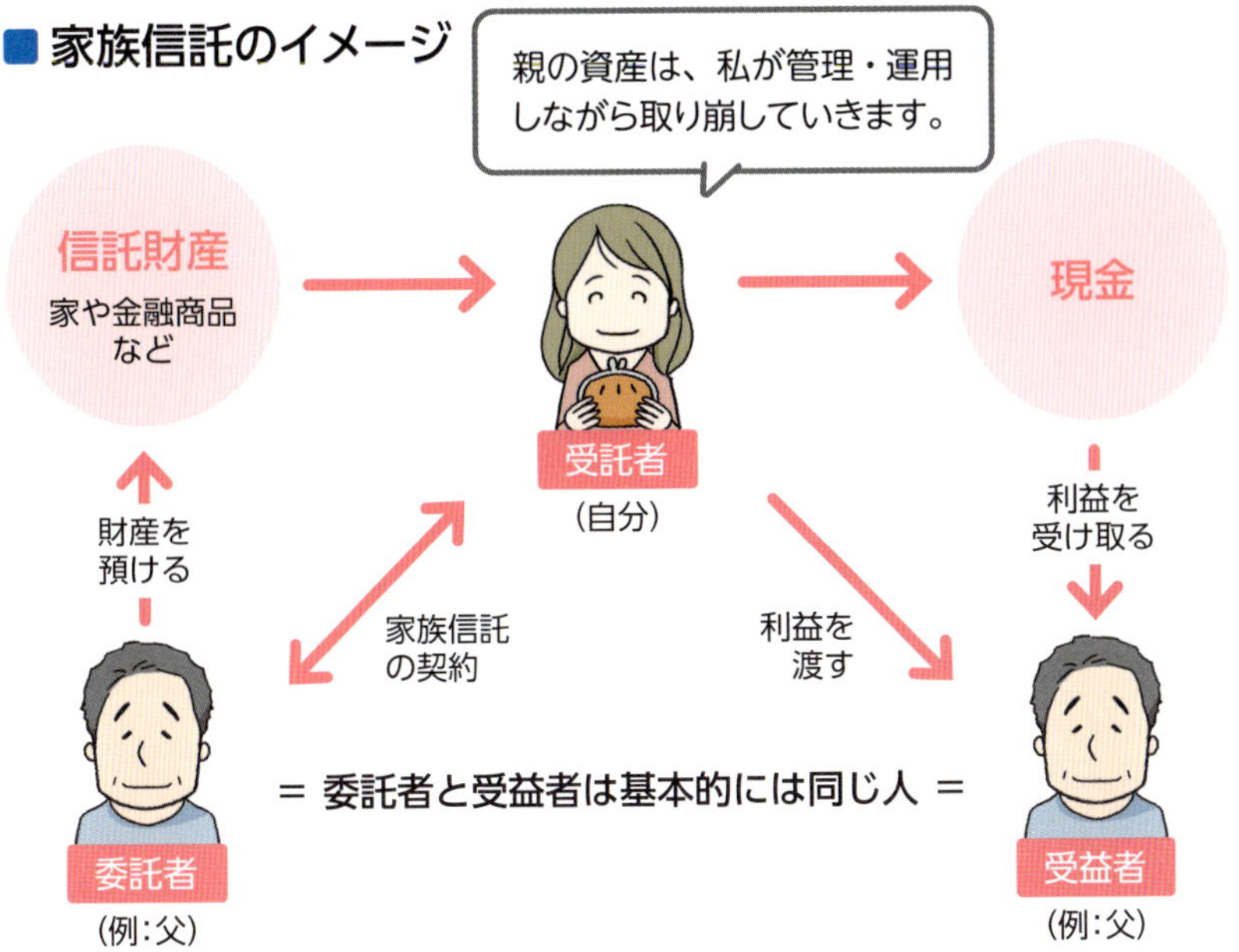
親の資産は、私が管理・運用しながら取り崩していきます。
信託財産
家や金融商品など
受託者
(自分)
現金
利益を受け取る
財産を預ける
家族信託の契約
利益を渡す
= 委託者と受益者は基本的には同じ人 =
委託者
(例:父)
受益者
(例:父)

■予約型代理人サービスで資産の取り崩しを続ける

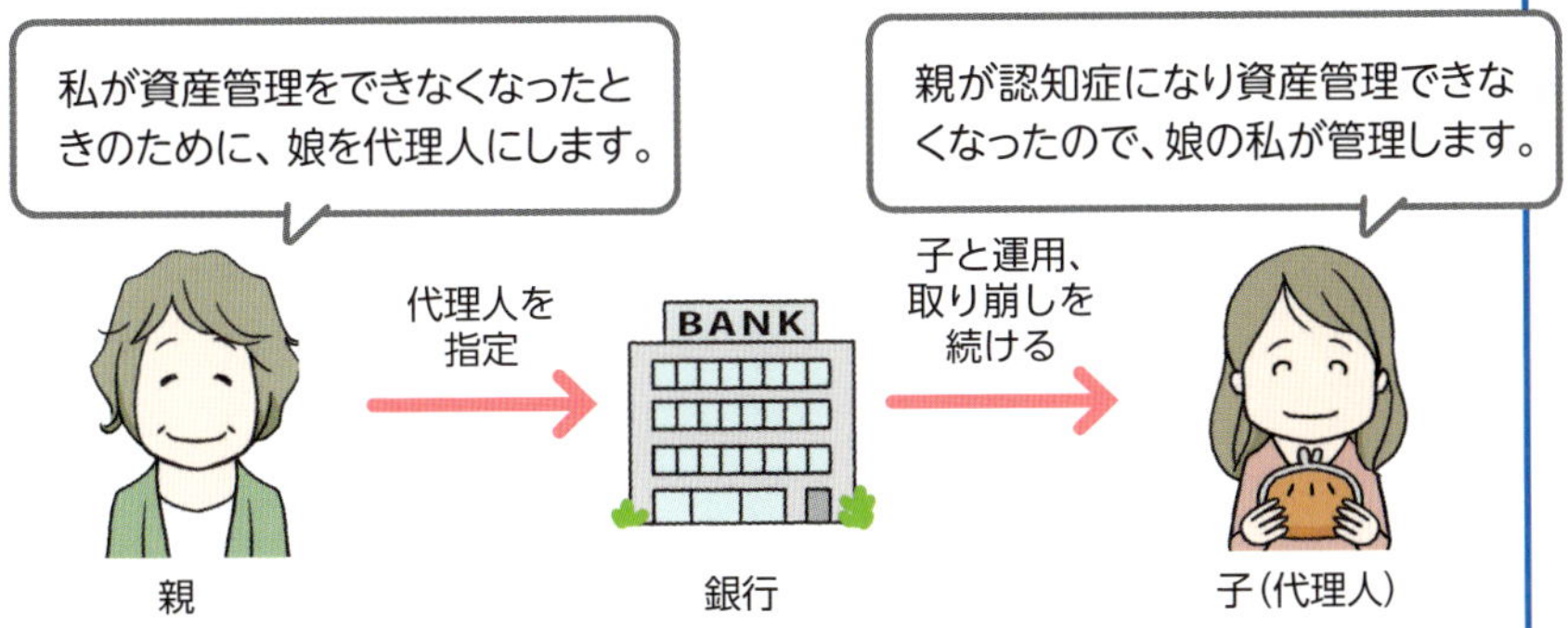
私が資産管理をできなくなったときのために、娘を代理人にします。
親が認知症になり資産管理できなくなったので、娘の私が管理します。
代理人を指定
BANK
子と運用、取り崩しを続ける
親
銀行
子(代理人)

事前に手続きをしていれば、いざというときにもスムーズですね!
資産の取り崩し方はあらかじめ家族間で共有しておきましょう。

エンディングノートをつけてみよう

エンディングノートは、自分にもしものことがあったときに備えて、自分に関する情報を記しておくノートです。

■ 負債・借りているお金

負債の種類	金額	借入先／連絡先

医療・介護などの情報

■ 医療

アレルギー／持病	
かかりつけ医／連絡先	
お薬手帳	ある（場所　　　）・ない
延命治療	希望する・希望しない
余命宣告	してほしい・してほしくない

■ 介護

介護の場所	自宅・施設・その他（　　　）
希望の介護内容	
介護費用の準備	あり（場所　　　）・なし

■ 葬儀・お墓の希望

葬儀の形式	一般葬・家族葬・お別れの会
宗教	
葬儀費用の準備	あり（場所　　　）・なし

その他の情報

■ ID・パスワード

（金融機関・SNS・サブスクなど）

サービス名	ID	パスワード

■ 親戚・友人など連絡してほしい人

名前	関係	連絡先

後から修正・付け足しをしてももちろん構いません。書けるところから書いていきましょう。

基本情報

免許証の番号	
パスポートの番号	
マイナンバーの番号	
血液型	
誕生日	

資産・負債の情報

■ 預貯金

金融機関名	支店名	口座番号

■ 不動産

物件の種類	土地・一戸建て・マンション・その他
用途	自宅・別荘・投資用・その他
名義	自分・共有(持分　　%)
住所	
登記簿上の所在地	

■ 金融資産

保有資産	金額	金融機関

■ 保険

保険会社	
保険の種類・商品名	
契約者名／被保険者名	
保険金受取人／連絡先	
保険期間	

■ クレジットカード

カード名	カード番号	主な用途

■ ポイント・マイル

ポイント名	保有方法
	ポイントカード・クレジットカード・スマホ
	ポイントカード・クレジットカード・スマホ
	ポイントカード・クレジットカード・スマホ

決まった書式はないので、このほかにも書きたい内容があれば付け足してOK。市販のエンディングノートを活用してもいいですね！

TOPIC 04

お金は他人のために使ったほうが幸せ?

お金を使い切れないなら寄付も検討!

「他人のために使う」で幸せに

「お金は他人のために使うと人生の幸福度が増す」という実験結果があります。2つのグループの人それぞれに20ドルを渡し、片方は自分のために、もう片方は誰かのために使うよう指示したところ、後者のグループのほうが幸福度が高かったのです。

「ほぼDIE WITH ZERO」を実践しようというものの、お金を使い切れないという人もいるでしょう。また、相続する人がいないというケースもあるでしょう。その場合は、**生きているうちに寄付することを検討してはいかがでしょうか。**誰かのためにお金を使うことで、幸福度を高めることができるでしょう。内閣府の調査によると、「保健・医療・福祉」の分野に寄付が多く、「社会の役に立ちたいと思ったから」という理由が多くみられました。

「遺贈寄付」でお金の使い道を決める

近年増加しているのが、**亡くなった後に財産を相続人以外の団体などに寄付する「遺贈《いぞう》寄付」です。**支援したい活動をしているNPO法人などに寄付が可能で2022年で1040件・約320億円が寄付されています。保有する財産のうち、寄付するものを選び遺言書を作成することで、死後に財産が寄付されます。財産を活用した社会貢献のひとつといえるでしょう。

Memo

亡くなったときに財産を渡す契約として「死因贈与」もあります。遺贈寄付と似ていますが、死因贈与は事前に財産を渡す人ともらう人の間で合意が必要です。死因贈与の契約は、口頭でも可能ですが、書面できちんと残すほうがベターです。

寄付したほう幸福度は上がる

他人のために お金を使うほうが幸福度が高い

ひゃっほー!
同じ実験を「5ドル」でもやっているけど、結果は同じ。金額にかかわらず、他人のためにお金を使ったほうが幸福度は高まるよ！

Dunn, E. W. et al. “Spending Money on Others Promotes Happiness” (2008)をもとにイラスト作成

寄付は社会貢献につながる

寄附をした分野

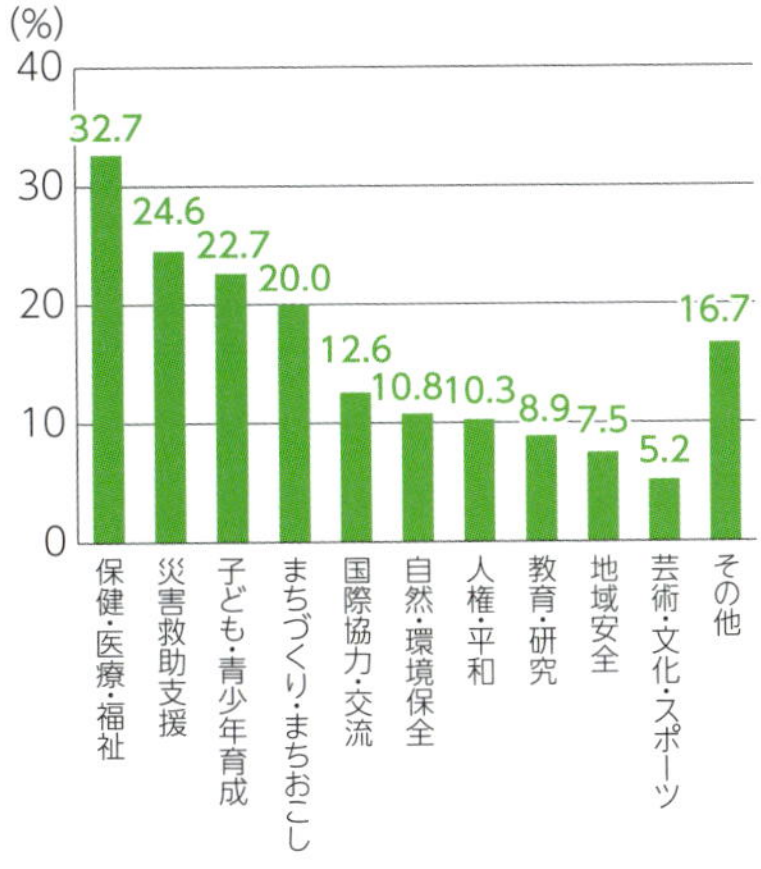
(%)
40
30
20
10
0
32.7 保健・医療・福祉
24.6 災害救助支援
22.7 子ども・青少年育成
20.0 まちづくり・まちおこし
12.6 国際協力・交流
10.8 自然・環境保全
10.3 人権・平和
8.9 教育・研究
7.5 地域安全
5.2 芸術・文化・スポーツ
16.7 その他

寄附をした理由

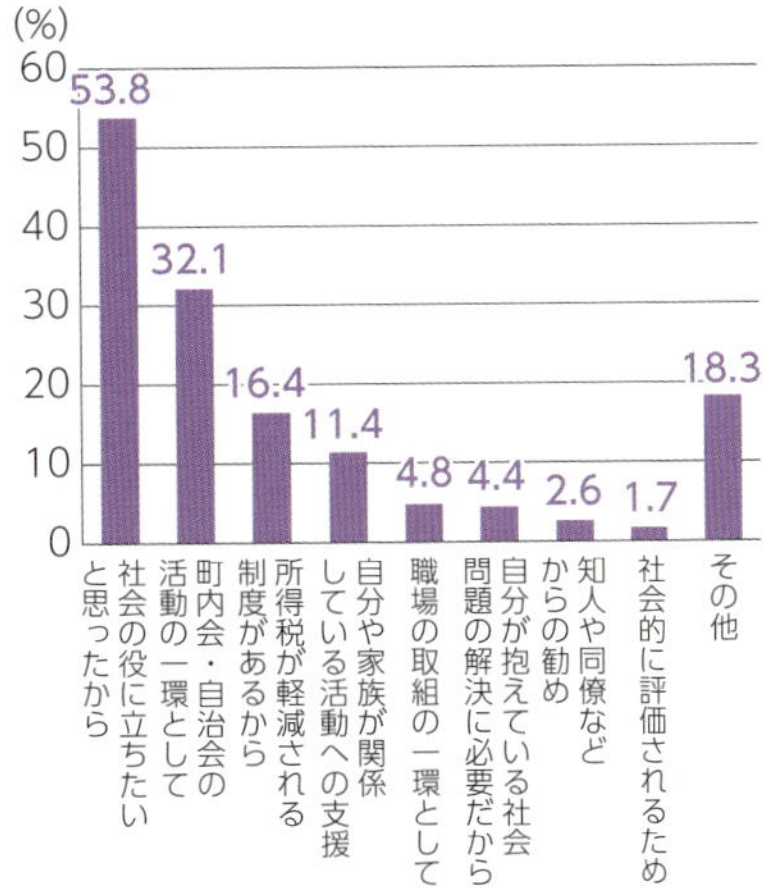
(%)
60
50
40
30
20
10
0
53.8 社会の役に立ちたいと思ったから
32.1 町内会・自治会の活動の一環として
16.4 所得税が軽減される制度があるから
11.4 自分や家族が関係している活動への支援
4.8 職場の取組の一環として
4.4 自分が抱えている社会問題の解決に必要だから
2.6 知人や同僚などからの勧め
1.7 社会的に評価されるため
18.3 その他

内閣府「市民の社会貢献に関する実態調査」(2022年度)より作成

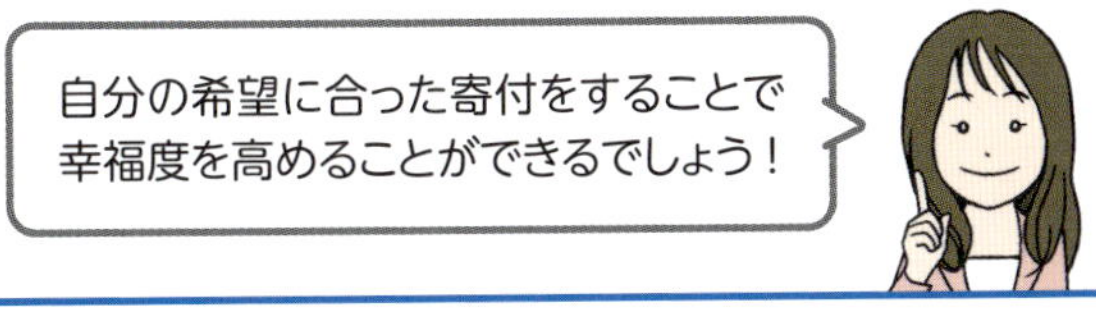
自分の希望に合った寄付をすることで
幸福度を高めることができるでしょう！

TOPIC

05

40代で幸福感が薄れるのはなぜ？

人生は50代から必ず好転する

年齢と生活満足度の関係はU字型

幸福度と年齢の関係はU字型のグラフになる傾向があることがわかっています。世界145カ国対象の研究では、幸福度がもっとも低くなる年齢は48・3歳。「人生は50代で必ず好転する」ということを示しています。理由のひとつは、若年期ほど将来の生活満足度は今より高くなると見積もり、中年期にはその理想と現実のギャップを大きく感じやすいため、幸福度が低くなると考えられています。逆に、**高齢期になるほど将来を低く見積もる傾向にあるので、想定よりも現実のほうがいいと感じ、幸福度が高くなる**というわけです。なお、高所得層の幸福度はU字型の落ち込みがなく右肩上がりの傾向でした。

日本は60歳以上で満足度が急上昇

日本の調査でも同様の結果が出ています。内閣府によると、今の生活への満足度を表す「総合主観満足度」は男女とも年齢を重ねるごとに減少するものの、「60〜89歳」になると急激に回復しています。**日本の場合は、60代から人生が好転するようです。**

幸福度は、人生後半で必ず好転します。将来に不安を感じて、今を楽しまないのは損。本書で見てきたように、**使うべきときにお金を使って今を楽しみながら、上手にお金を減らしていきましょう。**

Memo

40〜50代にかけては、仕事でも中核を担う時期となるうえ、子どもの大学進学などで教育費がピークを迎えます。親の介護が発生することもあり、経済的・身体的・精神的に負担が増える時期なので、幸福度が低下するとも考えられています。

年齢と幸福度の関係はU字型

■年齢と幸福度の関係

一般的なイメージ

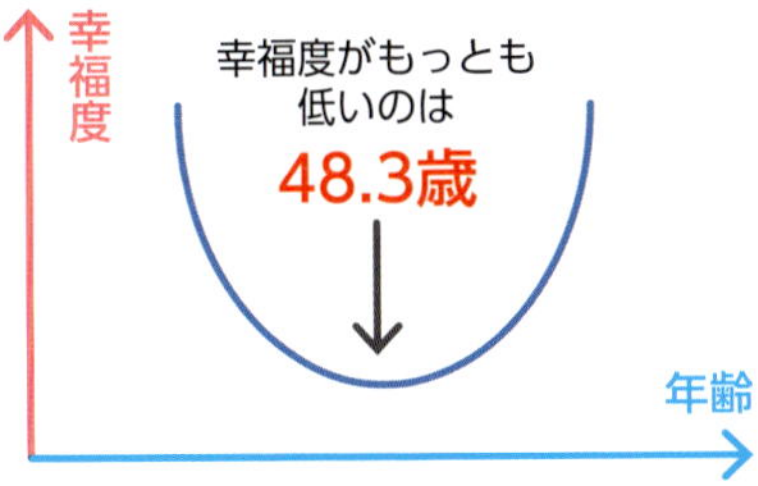
幸福度
幸福度がもっとも
低いのは
48.3歳
年齢

高所得層のイメージ

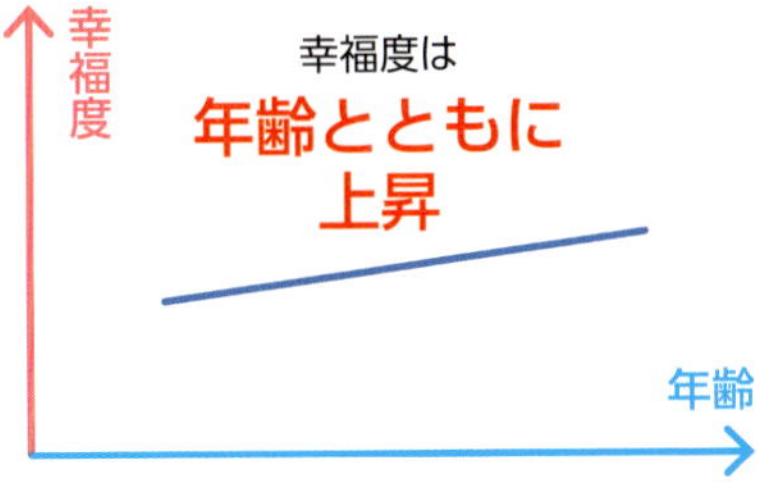
幸福度
幸福度は
年齢とともに
上昇
年齢

若年から中年にかけて幸福度が減りますが、50代以降は好転するので大丈夫です！

第2章でも見た通り、高所得層だと幸福度は落ち込まず、年齢とともに上昇していますね。

Blanchflower, D. G. “Is happiness U-shaped everywhere? Age and subjective well-being in 145 countries”(2021)(左)、Toshkov, D. “The Relationship Between Age and Happiness Varies by Income”(2022)(右)をもとに作成したイメージ図

■性別と年齢別に見た総合主観満足度(日本)

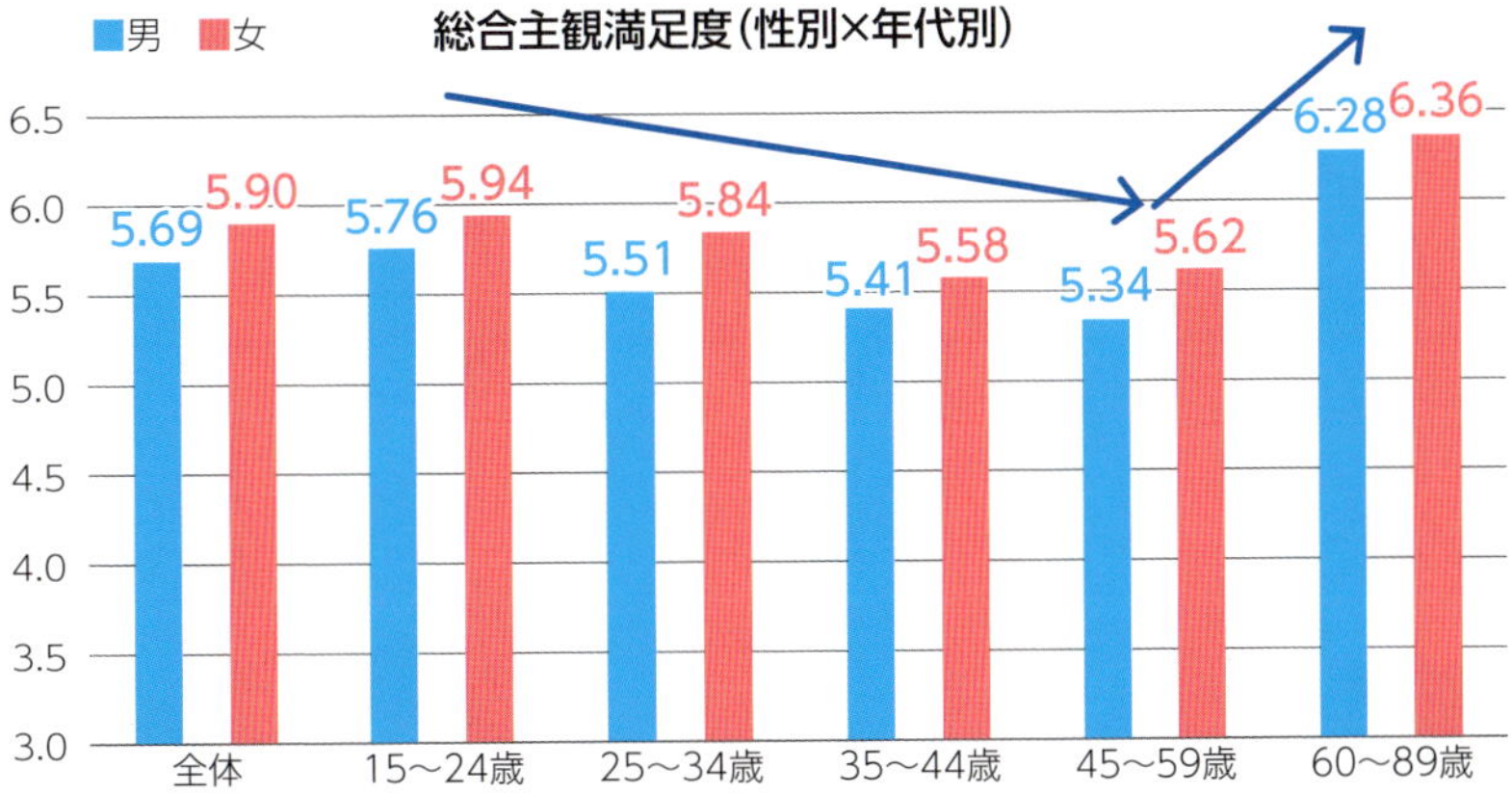
男
女
総合主観満足度(性別×年代別)
6.5
6.0
5.5
5.0
4.5
4.0
3.5
3.0
5.69
5.90
5.76
5.94
5.51
5.84
5.41
5.58
5.34
5.62
6.28
6.36
全体
15〜24歳
25〜34歳
35〜44歳
45〜59歳
60〜89歳

内閣府「満足度・生活の質に関する調査」(2020年)より作成

日本でもU字型のカーブがみられます。幸せな人生をおくるためにも、お金と時間を上手に使っていきましょう！

オーライ
オーライ
今日はひなたが家を出る日…
本当にもう忘れ物ない？
うん　大丈夫だって！
向こうについたらちゃんと連絡してね
毎朝　毎晩　昼も連絡するんだぞ
あ　そうだ！
実は二人に渡したいものがあるんだけど…
これ！プレゼント！
わぁ！
8月
初めての海外！
フォトブック！
えー！ありがとう！
こんなにたくさん
お父さんカメラ買っておいてよかったね
バンバン
滝!!
ダバダバ
お金を大切なところに使ったからこそ一生ぶんの宝物ができたな…
写真ふやける！

思い出が形としてたくさんあるとなんか嬉しいよね！
いろんな経験できたのもよかったし
お金は貯めるだけ貯めていつかのために備えようとばかり思ってたけど
使うことで幸せを増やすことも大切なんだね
オレのおかげ
これまでは『お金は使ってこそ！』とだけ思ってたけど
使うためのお金の増やし方がわかって本当によかったよ
これからも上手にお金を増やして上手にお金を使っていこうね
ひなたも幸せにつながることにはちゃんとお金を使って楽しく過ごしてね！
うん！そうする！
未来への投資だね
それじゃあそろそろ行くね！
いってらっしゃい！
いつでも帰ってこいよ

おわりに

世界的に見ても日本人は長生きですが、心身ともに健康でいられる「健康寿命」は、男性は約72歳、女性は約75歳です。私自身、人生の節目である50歳を迎え、健康寿命までの25年をいかに充実して幸せに生きるかを真剣に考えるようになりました。

振り返れば40代まではがむしゃらに仕事を頑張り、資産形成に力を入れ、「富の最大化」を目指してきた人生でした。ところが50歳前後から、体力や仕事のパフォーマンスの低下を感じはじめてきました。一方で、経済的にゆとりができたこともあり、仕事への価値観も変わりました。具体的には、好きな仕事、働きたい時間だけ働けばよいという心持ちに変わったのです。**これからは、幸せに生きるために時間とお金を使い「幸福の最大化」を目指す人生にしていきたいと考えています。**

最近は、時間を見つけては、家族で都内のホテルステイや旅行を楽しんでいます。現在、息子は中学1年生ですが、家族旅行や家族でのイベントに付き合ってくれるうちに**たくさんの思い出をつくっておきたい**と考えています。また、学生時代や会社員の時代によくヨーロッパ旅行をしていましたが、年齢を重ねた今、感じることやみえる風景も違うのではないかと思い、ヨーロッパを周遊しながらのワーケーションを画策しています。

そのほか、**力を入れているのが、友人関係の再構築**です。仕事や子どもを通して得られた気が合う友人たちとも、もっと親交を深めていきたいと思っています。そうした友人たちと充実した時間をすごすことを踏まえて、検討しているのが家のリフォーム。家を心地よい空間にして、家での時間を豊かにすごしたり、親しい人たちを家に招けるようにして、ホームパーティーを定期的に開催できたりするようにしたいという夢を持ちはじめました。ホームパーティー開催に向けて、お料理教室やテーブルコーディネートの習い事もやってみたいなと思っています。

健康面もこれまで以上に力を入れたい項目です。**なにをするにしても心身ともに健康でなければ楽しめません。**まずは、息子が卓球部に入り、家族で卓球を楽しむ時間が増えたので、卓球がうまくなりたいです。また、高齢期に入っても長く仲間と楽しめる、ゴルフのスキルも高めたいので、ゴルフスクールにも通う予定です。書き出してみると、ここでは書き尽くせないくらいやりたいことが山盛りです、笑。やりたいことをひとつでも多く叶えられるように、タイムバケットに書き留め、実行していきます。**みなさまもオリジナルのタイムバケットを作成して、夢を実現していってくださいね。**

実は50歳にして、最愛の母が亡くなりました。亡くなる当日まで家で普通にすごしていましたが、体調が急変し、そのまま永眠。人生は有限です。**明日がくるのは当たり前じゃない。**後悔しないように、人生を全力で楽しみたいですね。

読者のみなさまが幸せな人生を送れることを心から祈っています。本書が一助になれば幸いです。

2025年3月　高山一恵

著者紹介

頼藤 太希（よりふじ たいき）

（株）Money & You 代表取締役。中央大学商学部客員講師。早稲田大学オープンカレッジ講師。慶應義塾大学経済学部卒業後、外資系生保にて資産運用リスク管理業務に従事。2015 年より現職。日テレ『カズレーザーと学ぶ。』、NHK『午後 LINE ニュースーン』などメディア出演多数。ニュースメディア「Mocha」、YouTube「Money&YouTV」など運営。『はじめての新NISA & iDeCo』（成美堂出版）、『定年後ずっと困らないお金の話』（大和書房）など著書累計発行部数は 180 万部超。日本証券アナリスト協会検定会員。ファイナンシャルプランナー（AFP）。

高山 一恵（たかやま かずえ）

（株）Money & You 取締役。中央大学商学部客員講師。一般社団法人不動産投資コンサルティング協会理事。ファイナンシャルプランナー歴 20 年。慶應義塾大学文学部卒業。NHK『日曜討論』『クローズアップ現代』などメディア出演多数。Podcast「マネラジ。」、Voicy「1 日 5 分でお金持ちラジオ」など運営。『マンガと図解 50 歳からの「新NISA×高配当株投資」』（KADOKAWA）、『マンガと図解 はじめての資産運用』（宝島社）など著書累計発行部数は 180 万部超。ファイナンシャルプランナー（CFP）。1 級 FP 技能士。住宅ローンアドバイザー。

- 編集：有限会社ヴュー企画（山角優子、松本理）
- 執筆・編集協力：株式会社 Money & You（畠山憲一）
- デザイン：有限会社アイル企画
- マンガ・イラスト：上田惣子
- 企画編集：成美堂出版編集部

本書に関する正誤等の最新情報は、下記のアドレスで確認することができます。
https://www.seibidoshuppan.co.jp/support/

上記 URL に記載されていない箇所で正誤についてお気づきの場合は、書名・発行日・質問事項・ページ数・氏名・郵便番号・住所・ファクシミリ番号を明記の上、**郵送**または**ファクシミリ**で**成美堂出版**までお問い合わせください。
※電話でのお問い合わせはお受けできません。
※本書の正誤に関するご質問以外にはお答えできません。また運用相談などは行っておりません。
※ご質問の到着後、10 日前後に回答を普通郵便またはファクシミリで発送いたします。

本書は資産運用ならびに投資に役立つ情報の提供を目的としたもので、特定の投資行為の推奨を目的としたものではありません。また、本書ならびに執筆者、出版社等が投資結果の責任を持つものではありません。投資およびそのほかの活動の最終判断は、ご自身の責任のもとで行ってください。

50代から考える お金の減らし方

2025年 4 月20日発行

共　著　頼《より》藤《ふじ》太《たい》希《き》　高《たか》山《やま》一《かず》恵《え》

発行者　深見公子

発行所　成美堂出版
〒162-8445　東京都新宿区新小川町 1-7
電話(03)5206-8151　FAX(03)5206-8159

印　刷　株式会社フクイン

ISBN978-4-415-33547-6
落丁·乱丁などの不良本はお取り替えします
定価はカバーに表示してあります